# 明代登科錄彙編十二

# 福建鄉試錄序

國家以經術得人之盛垂百八
十餘年矧我
皇上中興昌運文武徵才功施
社稷猶足多者乃歲壬子又大比
福建巡按御史曾佩寔司監
臨焉乃率稽

制典貞肅矩度事事惟謹維時御
史趙孔昭適被
命當代未及至佩乃豫僉謀諸清
戎御史沈寵暨藩臬諸臣左
布政使岑萬等用聘儒官列
司校藝時則以教諭文暨黃
宏主考試教授簡嚴莫遺賢

學正彭標教諭鄺夢琰冀蓋
臣安憲張邦禮龍慶雲羅見
麟爲同考試提調則右布政
使朱鴻漸右叅政丁以忠監
試則按察使范欽僉事黎澄
百執事咸備乃齋惕一心如
期鑰院矢諸神明祈得眞才

仰副我
皇上作人盛心內外規畫既飭乃
合提學副使朱衡所簡士三
千有奇三試之得中式九十
人遵
制額也錄名氏併文以
獻既竣事咸謂得人文乃作而

言曰猗歟休哉其
聖化之徵乎詩不云乎周王壽考
遐不作人又不云乎勉勉我
王綱紀四方蓋非綱紀無以
成作人之功非壽考無以運
勉勉之化恭惟我
皇上致理作人已逾三紀于玆

道久化成所謂壽考作人不於
今日欣逢哉夫天之生材也毓靈
者地際會者時振作裁成者
化閩東南隩區也介在山海
間諦見其山崇巒削壁巉巖
嵯峩厥色蒼蒼厥氣沃沃端
若拱崎若立無幻形無晦象

維岳降神閩其有焉又見夫
海也瀦之百川洩之尾閭狂
瀾滔滔漫瀰萬頃不盈不虛
故觀海者難為水南越之大
觀以之地靈則人傑況際此
唐虞亨嘉之會濟之
聖化振德之功久之以

敬一漸漬之澤則人文丕著又當
何如天下皆爾豈獨閩焉已
哉是故羅之科目試之經術
若不足盡天下士然自
列聖以來迄
今道德功業文章宗工鉅儒所以
彌綸參贊者世不乏人而後

知我
國家經術取人之典超往古獨
隆其得人之盛獨羨今爲尤
烈也夫人
天地之紀也山川之秀也而徵之
文者又治化之象也是故文
等盡得取三試之士之文而

覽之于疏通不泥者見其才于脉絡粲然者見其智于冲乎虛恢乎有容蘊涵不露者見其量于嚴以正峭以拔挺乎不媮鏘鏘乎若金石聲者見其節於是又喟然嘆曰美哉矯乎颯颯乎澤澤乎眞人

文也哉蘊之爲道德行之爲
功業發揮之爲文章闡之人
文始信不獨古昔盛而已謂
非曰海岳之孕泄也誣乎今
夫南山之石巖巖然有節之
道焉中流之柱琅琅然疏達
以應有才之道焉若納百川

而無不容者有量之道焉若虛明鑒照流動不滓者有智之道焉合是而毓靈于人斯弘毅合德任重器也剛大竝用配義功也虛直應物中正道也則夫秉衷履正知方達權靜以定躁廣以去隘明以

疏窒皆文之昭也化之著也
而文武之眞才咸可胥此焉
出矣豈直曰抱藝多士濟濟
然已乎哉于是見我
聖人綱紀作人之化博以厚矣高
以明矣悠久無疆矣其眞謂
與

天無極者乎堯曰放勳光被四表
格于上下禹告成功聲教訖
于四海於戲此我
國家經術得人于是益盛而爲
我
社稷求賴其有旣哉是舉也提督
軍務右副都御史張烜遹觀

厥成左叅政汪宗元按察副
使汪俅馮璋僉事張恕汪垍
均範理於外行都司都指揮
僉事張淙署都指揮僉事顧
邦重代都指揮田耕事綜撥
軍士焉副使萬虞愷左叅議
熊洛都指揮范德榮行都司

都指揮僉事劉敕皆預期入
賀右布政使曾鈞談愷按察使
王昺左參政王璣左參議吳
源俱後先以遷秩行先是刑
部郎中陸穩以訊錄至工部
郎中張祥戶部郎中周軾皆
以督賦至咸事事境內樂觀

人才之盛者亦例得書云

山東兗州府東平州平陰縣

儒學教諭朱文謹序

嘉靖三十一年福建鄉試

監臨官

巡按福建監察御史曾佩　德甫江西臨川縣人 辛丑進士

提調官

福建等處承宣布政使司右布政使朱鴻漸　于磐直隸吳縣人 辛巳進士

福建等處承宣布政使司右參政丁以忠　崇義江西新建縣人 戊戌進士

監試官

福建等處提刑按察司按察使范欽　堯卿浙江鄞縣人 壬辰進士

福建等處提刑按察司僉事黎澄　本靜江西樂平縣人 丁未進士

# 考試官

山東兗州府東平州平陰縣儒學教諭朱　文　質卿直隸上元縣人 庚子貢士

廣西梧州府蒼梧縣儒學教諭黃　宏　括元廣東順德縣人 癸卯貢士

# 同考試官

直隸永平府儒學教授簡　嚴　臨可廣西馬平縣人 丁酉貢士

湖廣武昌府儒學教授莫遺賢　堯卿廣西蒼梧縣人 辛卯貢士

河南開封府鄭州儒學學正彭　標　元表廣東順德縣人 庚子貢士

浙江寧波府定海縣儒學教諭鄺夢琰　均房廣東南海縣人 戊子貢士

直隸廣平府曲周縣儒學教諭龔藎臣　子忠山西榆次縣人 庚子貢士

湖廣岳州府華容縣儒學教諭安　憲　監生陝西咸寧縣人　庚子貢士

山東濟南府鄒平縣儒學教諭張邦禮　汝復　山西蒲州人　癸卯貢士

直隸松江府華亭縣儒學教諭龍慶雲　際卿　湖廣茶陵州人　丙午貢士

直隸淮安府沭陽縣儒學教諭羅見麟　子時　廣東番禺縣人　癸卯貢士

印卷官

福建等處承宣布政使司經歷司經歷戴　鰣　子魚　直隸桃源縣人　歲貢

福建等處提刑按察司經歷司經歷朱希陽　樹功　直隸崑山縣人　監生

收掌試卷官

福州府知府翁五倫　大經　浙江蕭山縣人　乙未進士

興化府知府董士弘 體仁直隸武進縣人 辛丑進士

邵武府知府羅時霖 汝濟江西泰和縣人 辛丑進士

汀州府知府陳洪範 錫卿浙江仁和縣人 辛丑進士

福建都轉運鹽使司同知林大有 端時廣東潮陽縣人 戊戌進士

延平府同知曾子欽 宗堯江西泰和縣人 甲午貢士

受卷官

汀州府同知李仲僎 士賢廣西桂林右衞學籍 直隸[illegible]縣人辛酉貢士

興化府同知文大才 希周湖廣[illegible]縣人 辛卯貢士

建寧府同知楊朗 啓東江西南昌縣人 庚子貢士

泉州府推官袁世棨 子仁直隸華亭縣人 庚戌進士

興化府推官孫佳 志完錦衣衛籍浙江餘姚縣人庚戌進士

延平府永安縣知縣郭仁 静甫直隸長洲縣人 丁未進士

彌封官

福州府通判張偉 子器江西貴溪縣人 辛卯貢士

興化府通判來日升 子旦浙江蕭山縣人 甲午貢士

福州府推官黃正色 印坤河南光山縣人 庚戌進士

建寧府推官操守經 仲常江西浮梁縣人 庚戌進士

邵武府推官桂轂 伯運江西安仁縣人 戊子貢士

延平府將樂縣知縣王　鈴　子才浙江壽昌縣人　丁未進士

謄錄官

漳州府推官李㬎　子遂廣東揭陽縣人　乙酉貢士

泉州府南安縣知縣蕭可教　子修直隸江都縣人　庚戌進士

建寧府甌寧縣知縣徐文沔　可繩浙江開化縣人　丁未進士

延平府沙縣知縣沈　陽　復卿直隸上海縣籍嘉定縣人庚戌進士

汀州府上杭縣知縣趙文同　一重江西靖安縣人　庚戌進士

邵武府光澤縣知縣徐恒錫　承夫浙江餘姚縣人　辛卯貢士

對讀官

建寧府建安縣知縣裴天祐 順之直隸贛榆縣人 庚戌進士

建寧府浦城縣知縣邵德 明甫直隸無錫縣人 丁未進士

建寧府建陽縣知縣馮繼科 肖登廣東番禺縣人 丁酉貢士

漳州府漳浦縣知縣黎文煥 用晦湖廣長沙縣人 丁酉貢士

邵武府建寧縣知縣趙銳 子恒直隸桐城縣人 庚子貢士

汀州府連城縣知縣梁以衡 仲房廣東新會縣人 癸卯貢士

巡綽官

福州左衛指揮同知花清 源潔直隸江都縣人

福州中衛指揮使李源 仕潔直隸壽州人

福州左衛指揮僉事李　僴　繼賢直隸六安州人

福州右衛指揮僉事張　勳　秉忠河南新蔡縣人

搜檢官

福州左衛指揮僉事許文翰　武卿直隸和州人

福州中衛指揮同知蕭　椿　廷芳山後儀興州人

福州右衛鎮撫陳　陞　國進福建連江縣人

福州中衛鎮撫戴　洪　德容直隸臨淮縣人

供給官

福建等處承宣布政使司理問所理問嚴　介　德廉浙江歸安縣人監生

福建等處承宣布政使司經歷司都事胡　相

爰立直隸定遠縣人
恩生

福建等處提刑按察司照磨所檢校聞　奇

子正湖廣羅田縣人
歲貢

福建都指揮使司斷事司斷事姚　翰

全應江西新淦縣人
歲貢

福建行都指揮使司經歷司都事呂　文

子學直隸常熟縣人
監生

延平府推官李　珉

朝良浙江縉雲縣人
歲貢

漳州府漳平縣知縣劉　鑄

子肖直隸宣城縣人
歲貢

福州府永福縣知縣文　惠

仲吉江西高安縣人
癸卯貢士

延平府順昌縣知縣唐　字

子仁浙江杭州右衛人
歲貢

鎮東衛經歷司經歷張　科

文選湖廣隨州人
吏員

福州府經歷司知事邵 喬
于遷浙江會稽縣人 知印

汀州府經歷司知事閔 恭
仲禮浙江餘姚縣人 知印

福州府候官縣縣丞賀朝璜
均佩湖廣益陽縣人 吏員

福州府閩縣典史陳 珪
時聘廣東高要縣人 吏員

延平府順昌縣典史李 杲
世明直隸丹徒縣人 吏員

邵武府邵武縣典史毛文明
世德江西新建縣人 吏員

福州府古田縣黃田驛驛丞熊 禾
應嘉江西南昌縣人 承差

延平府順昌縣雙峯驛驛丞潘 濤
伯海浙江會稽縣人 承差

泉州府同安縣深青驛驛丞蔣廷瑛
國用廣西全州人 承差

## 第壹場

### 四書

夫子循循然善誘人博我以文約我以禮

自誠明謂之性自明誠謂之教誠則明矣

明則誠矣

堯舜之道孝弟而已矣

### 易

文明以健中正而應君子正也唯君子為

能通天下之志

聖人感人心而天下和平

易簡之善配至德

昔者聖人之作易也将以順性命之理是以立天之道曰陰與陽立地之道曰柔與剛立人之道曰仁與義兼三才而兩之故易六畫而成卦分陰分陽迭用柔剛故易六位而成章

書

慎厥身脩思永惇敘九族庶明勵翼邇可

遠在茲
若金用汝作礪若濟巨川用汝作舟楫若
歲大旱用汝作霖雨
六三德一曰正直二曰剛克三曰柔克平
康正直彊弗友剛克燮友柔克沉潛剛
克高明柔克
我受天命丕若有夏歷年式勿替有殷歷
年
詩

赳赳武夫公侯腹心

天保定爾亦孔之固俾爾單厚何福不除

俾爾多益以莫不庶

倬彼雲漢爲章于天周王壽考遐不作人

追琢其章金玉其相勉勉我王綱紀四

方

莫敢不來享莫敢不來王

春秋

秋宋人齊人邾人伐郳莊公十有五年公

會齊侯宋公陳侯衛侯鄭伯許男曹伯
侵蔡蔡潰遂伐楚次于陘 僖公四年
季子來歸 閔公元年 公子慶父出奔莒 閔
公二年 夏公會齊侯于夾谷 齊人來
歸鄆讙龜陰田 定公十年
叔孫得臣會晉人宋人陳人衛人鄭人伐
沈沈潰 文公三年
吳子使札來聘 襄公二十有九年夏曹公
孫會自鄸出奔宋 昭公二十年

禮記

善教者使人繼其志其言也約而達微而臧罕譬而喻可謂繼志矣

大樂與天地同和大禮與天地同節和故百物不失節故祀天祭地明則有禮樂幽則有鬼神如此則四海之內合敬同愛矣

仁者仁此者也禮者履此者也義者宜此者也信者信此者也强者强此者也

君子力此二者以南面而立夫是以天下
太平也
第貳場
論
君子動而世為天下道
詔誥表內科一道
擬漢令公卿大夫順四時月令詔陽朔二
年
擬唐加左僕射房玄齡太子少師誥貞觀

十三年

擬

賜歷代名臣奏議羣臣謝表永樂十四年

判語五條

同僚代判署文案

棄毀器物稼穡等

蒙古色目人婚姻

禁經斷人充宿衛

誣告充軍及遷徙

第叁場

策五道

問古帝王所以建極敷錫保乂流行者非可襲取爲之也稽諸堯舜三代典謨訓誥具有明徵漢以下英君誼辟其所建立與所表章非不欲法於天下傳之後世以垂休光然端本善則之要槩乎未之有聞此所以治安小康視光明俊偉之業不侔殆亦有由然者我

太祖高皇帝
龍飛淮甸汎掃胡元肇建開闢以來所未有
之勳業其
嘉言善行神謀懿範見於日曆之所序載
聖政記之所頌述者旣詳且明不知盡能揄揚
否抑此外別有可言者與我
皇上受
天明命丕振
中興卽位以來功德茲懋所以經緯天地而

昭回日月者誠足以光紹
烈祖而超出百王之上不知於日曆
聖政記諸書有脗合否抑淵源之地別有所自
與諸士子佩服
聖訓蓋已有年果能陳其梗槩而探其本原矣
乎實有司者之所願聞
問同律脩禮肇自舜典而五禮六樂之載
在周禮者尤悉焉自秦滅典籍至漢復
重明經惟樂書遂廢不講學者不過取

周官宗伯一篇與二戴所記誦習之而
已然以班固藝文志攷之是禮經非樂
也彼樂自爲六家今散佚不傳矣夫六
經之道如四時相須以成歲乃自漢以
來缺大樂而不求學者亦安之不復疑
豈理也哉宋時和胡阮李范馬劉楊諸
賢之議終不能以相一而其說亦可得
而聞歟迨至蔡元定旁搜冥契積之累
年著爲律呂新書文公稱其明白淵深

縝密通暢不爲牽合附會之談元定闔
產也今其書具在諸士子固嘗誦說而
講求之可悉言其指要歟抑别有其說
歟夫追韶濩之正聲變鄭衛之餘習使
移風易俗不爲虛語必如之何而可

問氏族之學其來久矣三代以前氏族分
而爲二氏以别貴賤也而曰姓可呼爲
氏氏不可呼爲姓者何歟姓以别婚姻
也而氏曰姓不同姓曰氏不同者何歟

司馬子長劉知幾良史也而於姬旦姬伯猶且昧焉則玆學湮晦可知矣以紀傳所睹記者漢有官譜氏族篇萬姓譜魏立九品置中正晉宋以後有百家譜百官譜姓苑官氏志至唐則尤盛矣氏族志大唐姓系錄衣冠開元永泰諸譜而又有韻略韻譜姓纂姓解不知果有裨於世教否乎叅之三代之法抑或有同歟乃所稱三十二類四聲複姓之說

抑又何歟茲欲俾千餘年湮源斷緒之典燦然在目親上尊祖而安民定志之道係焉諸士子講之素矣其何以復我

問人有言道勝者文不難而自至文與道果有二乎六經無文法而天地之至文歸之孔子曰文不在茲乎子貢稱夫子之文章可得而聞其所言者何文也戰國時以操術以騁辨以工言以作賦馳騁於文苑者不知其幾也可指其人而

言之歟漢最盛矣賈陸董劉班馬其著者嚴徐鄒枚司馬王楊之徒呟議小言互相雄長抑豈盡無其實耶不然則譽隨人徂何以流傳至今也周情孔思詞臻其妙然其論古人直以屈孟馬楊爲一等是不免裂文與道而二之治出於一之說似矣而其言曰我所謂文必與道俱不識其文果澤於道耶夫上下數千年間蓋所稱能文之士如斯而已而

或謂宋之文不如唐唐不如漢漢不如三代豈世變遞下而文亦因之乎不然於數家之外將別有其人乎幸爲我折衷其説

問聖人不言兵與利而容民畜衆聚人理財自易發之然則屯田榷鹽亦經國之要務也如屯金城而臨羌畏服屯斜谷而百姓安堵屯襄陽而墾田八百行於內地者足國安民行於外地者富邊實

塞似得寓兵於農之意矣管仲舉之而
齊國富強劉晏舉之而饟祿充裕盛度
舉之而公私咸賴取於海池者利足經
國取於井地者澤足濟民似因天地自
然之利矣行之於古輒有成效今閩之
要害皆有屯田居則爲農出則爲兵立
法非不善也而久則弊生遂失初制謂
之兵歟則非荷戈之士謂之民歟則非
授田之戶因屯興田不爲無實之虛文

矣乎閩之瀕海利於鹵鹽司之以官鬻
之以商生財非無道也而久則蠹生因
之極敝謂利在官鬻則公無羨餘之積
謂利在商鬻則市有折閱之憂計口稅
鹽不爲無名之征求乎今欲祛其弊端
得古人立法之意使公私並受其利抱
奇諸士必有能處之者

# 中式舉人九十名

第一名黃星耀　興化府學生　詩
第二名王　墀　長泰縣學生　易
第三名黃休泰　興化府學附學生　書
第四名陳　奎　福州府學增廣生　春秋
第五名廖雲鵬　候官縣學附學生　禮記
第六名陳聯芳　閩縣學增廣生　詩
第七名蔣　龍　興化府學附學生　書

第八名王徽猷　泉州府學附學生　易
第九名薛一和　福州府學附學生　詩
第十名郭培之　泉州府學生　易
第十一名林貞相　閩縣學增廣生　春秋
第十二名李寅實　興化府學附學生　書
第十三名施在行　建陽縣學生　易
第十四名朱成文　延平府學生　詩
第十五名林文星　興化府學生　書
第十六名楊棐　建寧府學增廣生　禮記

第十七名龔時應　晉江縣學生　易
第十八名吳　瑛　漳浦縣學附學生　詩
第十九名李子洵　閩縣學生　易
第二十名周　行　福州府學附學生　詩
第二十一名史朝宗　泉州府學增廣生　易
第二十二名李載贄　泉州府學附學生　書
第二十三名何邦禮　福清縣學附學生　詩
第二十四名熊　曉　甌寧縣學附學生　春秋
第二十五名李繼芳　泉州府學附學生　易

第二十六名林會春　惠安縣學生　詩
第二十七名楊廷秀　連江縣學增廣生　易
第二十八名伍承烈　清流縣學生　書
第二十九名蔡　楠　漳浦縣學附學生　詩
第三十名高　巖　福州府學附學生　易
第三十一名李一陽　同安縣學生　詩
第三十二名林茂勛　福州府學生　易
第三十三名李遇春　閩縣學附學生　禮記
第三十四名黃思近　南安縣學增廣生　書

第三十五名陳雲桂　興化府學附學生　詩
第三十六名黃應麟　閩縣學附學生　易
第三十七名翁廷璜　興化府學附學生　詩
第三十八名朱　焌　邵武府學生　易
第三十九名黃成樂　延平府學生　書
第四十名李伯遇　晉江縣學附學生　易
第四十一名許國忠　南靖縣儒士　詩
第四十二名張敷潛　泉州府學附學生　易
第四十三名丁雲會　泉州府學增廣生　春秋

第四十四名林廷顯　閩縣學生　詩

第四十五名蕭　標　莆田縣學生　書

第四十六名陳朝烈　漳平縣學生　易

第四十七名王以匡　惠安縣學附學生　詩

第四十八名許天琦　泉州府學生　易

第四十九名陳希登　莆田縣學增廣生　書

第五十名羅　誌　候官縣學附學生　禮記

第五十一名蔡民望　晉江縣學附學生　易

第五十二名陳　謹　閩縣學生　詩

第五十三名林　潤　莆田縣儒士　書

第五十四名李朝佐　建陽縣學增廣生　易

第五十五名宋大昇　莆田縣學附學生　書

第五十六名吳　泮　莆田縣學增廣生　詩

第五十七名林大畜　永福縣學增廣生　易

第五十八名蔡明復　漳浦縣學附學生　詩

第五十九名張夢斗　懷安縣學增廣生　春秋

第六十名戴一俊　惠安縣學附學生　詩

第六十一名張永昌　甌寧縣學增廣生　易

第六十二名林大觀　興化府學生　書
第六十三名徐　美　邵武府學生　詩
第六十四名陳子芳　懷安縣學附學生　易
第六十五名薛廷寵　惠安縣儒士　詩
第六十六名林舜道　懷安縣學生　易
第六十七名林大槐　興化府學附學生　書
第六十八名林大黼　興化府學附學生　禮記
第六十九名翁　瑩　興化府學附學生　詩
第七十名陳嘉謨　建陽縣學增廣生　易

第七十一名江　潮　漳浦縣學生　詩
第七十二名孫振宗　晉江縣學增廣生　易
第七十三名繆一鳳　福安縣學生　詩
第七十四名陳　志　興化府學附學生　書
第七十五名陳嚴之　福州府學增廣生　春秋
第七十六名林啓昌　興化府學附學生　詩
第七十七名方攸績　莆田縣儒士　書
第七十八名程　實　甌寧縣學生　易
第七十九名林鳳儀　候官縣學附學生　詩

第八十名蔡應孫 漳州府學附學生 易

第八十一名陳敦質 泉州府學附學生 禮記

第八十二名余應鴻 莆田縣學附學生 書

第八十三名鄭雲鑾 福州府學附學生 易

第八十四名林　德 長樂縣學附學生 詩

第八十五名李應陽 候官縣學附學生 易

第八十六名林　煜 漳浦縣儒士 詩

第八十七名吳世美 鎮海衛學增廣生 春秋

第八十八名林應雷 福州府學附學生 詩

第八十九名方　瀚　興化府學增廣生　書

第九十名李　瑚　龍溪縣學生　易

第壹場

四書

夫子循循然善誘人博我以文約我以禮

黃星耀

同考試官教諭張　批　夫子平日教人不出乎此

惟顏子能體之子亦善體顏子者

同考試官教諭龔　批　此作渾然成章得博約致

一之旨錄之

考試官教諭黃　批　善發聖賢授受之蘊者

考試官教諭朱　批

與雅莊重

大賢嘆聖人之善教必述教之所以善焉夫文以啓知禮以約行學之序也知博約之序則知所以入道矣聖教斯所以爲善乎此顏子學旣有得因嘆聖道之高妙而及其教也蓋曰不可幾及者聖人之道固非示人以遠矣所可循者聖人之教蓋確然示人以易矣何也夫道有所由入强之則難功有所當加悖之則拂吾夫子之教人也因其材而不强人以難能循其序亦

不雜施而不遜何循循善誘如之蓋文以載道非博知或失則隘矣夫子懼我之未博無以會道之散殊也而先我以此焉使之或遠稽於文獻之徵或廣求於事物之故學而知之多識於前言往行以畜其德也默而識之知周於窮理盡性求至于命也此則見聞博而所以豫吾入道之基者在此不有夫子孰知文之當博也如此哉禮以會道非約行或失則肆矣夫子懼我之未約無以協道之中正也而繼我以此焉使

之或考祥於視履之旋或致審於用動之則範我于皇極之門隨事觀理率履而不越也飭我於嘉會之地因物察則範圍而不過也此則中正履而所以要吾踐道之歸者在此不有夫子又孰知禮之當約也如此哉夫先之文以始其知則博文者致知之不可以已者也繼之禮以約其行則約禮者力行之不可以已者也功以漸加教有定序此夫子之教所以為善而回之由教而入亦因是庶幾矣乎雖然二者之教固

有先後之序其實功則合一而亦相因者也蓋博文者博禮之文也而非粗也約禮者約文之禮也而非隱也夫博約之功即精一之訓雖聖賢道學之傳率不外是此固入道心法也要之博者博此者也約者約此者也過此以往其曾子一貫之唯顏子心齋坐忘之後乎噫豈惟顏曾哉進如堯舜道統執中之傳謂非精一之功基之也不可

自誠明謂之性自明誠謂之教誠則明矣

明則誠矣

王墀

同考試官教諭羅 批 誠明處說得明盡未有如此篇者

同考試官教諭龍 批 天人之辨直截得明使學者有下手處

考試官教諭黃 批 是有得於誠明之學者

考試官教諭朱 批 發揮精切

中庸別言性教之異而必要其同也夫性命於

天敎立於人若異矣然由敎入性以人盡天何嘗不歸於同哉此子思子發明誠明之義者至矣若謂天人之不能無判者分也而其未始有間者理也于其分則等異于其理則歸同何也理備於我精以粹矣至純而無所於雜夫是之謂誠知發於我靈以瑩矣至照而無所於遺夫是之謂明夫由誠而明者言之是乃原於帝降之衷非假人力至者剛柔立本洗心退藏於密自可酬酢而佑神也易簡成能齋戒神明其德

自能知來而藏往也非性而何夫由明而誠者言之是乃本於吾學之力非由人性生者窮理盡性見天則於會通之餘冒天下之道也下學上達合天德於研幾之後立天下之有也非教而何此聖賢所由以分似若區以別者然而道原於一理終歸于同爾蓋誠而明者天人合一者也德無不實明無不照無所為而然也明而誠者以人合天者也先明乎善後實其善必俟勉而至也誠之至者固無不照矣未至於誠者

先之格致之功而誠正豫焉精義入神其寂然
者可以見誠之源也德之實者固無不明矣尚
歉於實者始乎問學之道而德性尊焉大心體
物其澄然者可以見誠之立也謂非明亦可以
至於誠哉是知性教之分聖賢之等也明誠之
同安勉之歸也思誠君子其當知所從事也乎
雖然首言性道教此獨言性教不及道者何也
噫道固在其中也誠明謂者率此性而天道者
也明誠謂者率此性而人道者也天人雖殊其

歸實一而已大抵由教者固當知善反矣性之
者奈何亦曰不可無盡性之功焉聖人定之中
正仁義而立人極此則道自我行教自我立而
性自我盡矣故曰惟至誠爲能盡性

堯舜之道孝弟而已矣

廖雲鵬

同考試官教諭安　批　堯舜無窮事業只自孝弟
中推出來此作發揚得盡非用心於內者不能道

同考試官教諭鄺　批　是篇志於作聖者不徒以

文而已

考試官教諭黃　批　文有思致有體認殆無愧

於士矣

考試官教諭朱　批　精卷

大賢言二聖之道不外率性之常而已夫性分常道莫先孝弟也堯舜所以爲聖不過率此性已爾聖脩之功何俟他求哉此孟子曉曹交意蓋如此今夫道不遠人而遠人爲之者失之離性外無聖而外性求之者幾於罔何則堯大聖

人也後世無及焉以放勳則天觀堯堯若有異行也而不知堯之爲道亦惟從事於此性矣舜大聖人也後世無及焉以重華協帝觀舜舜若有絕德也而不知舜之爲道外性亦非所有事矣親親爲仁吾性之孝形焉夫人同此性則同此孝而堯舜固亦同夫人爾敬長爲義吾性之弟著焉夫人同此性則同此弟而堯舜則亦與人同爾蓋孝弟也者不慮而知吾性良知也堯舜雖生知亦不過率孝弟之良知以爲知外此

良知而有所知非性之知也何庸心焉不學而能吾性良能也堯舜雖安行亦不過率孝弟之良能以為能外此良能而有所能非性之能也何致力焉本之民彝之常而寓聖脩之極其在堯也猶夫舜也觀其自親睦以至昭明協和皆舉此措之爾舍孝弟之外無堯矣堯亦更能外此而他有所為乎始之烝民之則而極作聖之功其在舜也猶夫堯也觀其自克諧以至慎徽風動皆推此運之爾舍孝弟之外無舜矣舜又

安能遠此而更有所加乎故曰而已矣者眞見孝弟之足以盡堯舜而求堯舜之道者固不必遠有所慕矣知此則知湯之所以爲湯文之所以爲文亦非外性分有他道者昧此而泥於形體之較不亦陋也與大抵堯舜聖之至者也孝弟性之至者也蓋性分之中萬善咸備一孝弟立而萬善固從之矣故始于家邦而終于四海雖施諸後世而無朝夕者由此其選也若夫遠人爲道外性求聖者其弊也離且罔又何怪哉

然則有志堯舜之道者如何曰近而取足吾性分中則蕩蕩巍巍眞堯舜者固自在也

易

文明以健中正而應君子正也唯君子為能通天下之志

王徽猷

同考試官教諭鄺　批　措詞典雅說理精到可卜其為佳士無疑

同考試官教授簡　批　發揮大同之道詳盡非本

日正巳應物者不能作

考試官教諭黃 批 理明詞則

考試官教諭朱 批 腴而暢

彖傳本卦以釋同人之貞而推其爲大同之道也蓋天下无正外之同也而君子之所以大同於天下者胥此矣與人同者而可以不之務乎今夫同人之道審乎公私邪正之間而已矣卦之爲同本非不足於公者而文王必重以利貞之戒夫固欲人擇其正也是故必有明辨之智

也而後能審於所同而此卦之德則文明以健者也夫其健也而出於文明也則是可否之辨預持於翕受之初而諂瀆之幾不昧於泛交之際其在同人固有求同理而不求同俗者矣必有中正之守也而後能愼於所從而此卦之體則中正而應者也夫其應也而本於中正也則是所挾持者大而不舍已以徇人所篤棐者忠而非自卑以求幸其事是君固有相知以心而相濟以道者矣此固君子之正而同人之所尚

焉者也如此而不有以通天下之志邪蓋天下无正外之理而同人以正則盡乎理矣理之所在勢固不得而限之天下无正外之心而同人以正則得其心矣心之所在跡又不得而拘之故自其同之見於處物也不必其可者與之而後以爲同也雖其不可者拒之而天下亦不病其爲隘自其同之見於事君也不必其美者將順之而後以爲同也雖其過焉匡救之而天下亦不病其爲拂信乎天下之志唯君子爲能通

之而大同之道亦惟於至正得之耳苟或不擇可否而一於同則反爲同之累矣而亦何所於利哉故君子不爲苟同非好異也必天下之是已則非矣不徇人以同非惡同也必天下之同巳則異矣推之三仁不能易其心而禹稷顏回可以易其地皆是物也而況與人同者可以弗之由乎嗚呼公私邪正之辨學易者可以深長思矣

易簡之善配至德

郭培之

同考試官教諭龍　批　製詞朗潤析理精深非
惟秀雅可愛亦足占其體認之學

同考試官教諭安　批　易道配人事處講得透
徹必爲用意宏造理深之士

考試官教諭黃　批　詞理俱到

考試官教諭朱　批　敷瞻精當

大傳擬易理於人心之德而易之廣大徵矣蓋
人心易理其道本相通也以易簡之善而配之

至德夫何閒然之有哉此可見易之廣大也大傳之意若謂易之爲書也推其廣大之由固天地以爲本論其廣大之實則天人以爲配是故不但參諸造化而推之人事亦有脗合焉者矣何則乾一而實確然示人易者也易之卦爻而屬乎陽者其善不同同歸於易矣夫坤二而虛隤然示人簡者也易之卦爻而屬乎陰者其善不同同歸於簡矣實理昭於法象而善有成名至道顯於卦爻而用无定在孰不曰此易簡之

在書者耳而何以配人之至德也殊不知人之生也天命之性雖全體而不偏而健順之德則隨感而異用故廓然太公而一私不撓人有健之德也而易之言易者與之合焉蓋德行恒易是亦天下之至健者爲之也而易與人非有二矣怡然順理而一物无累人有順之德也而易之言簡者與之準焉蓋德行恒簡亦惟天下之至順者能之也而理與書合于一矣故默會乎法象之表則易簡者健順之良能也健順者易

簡之成德也至德非妙於有而易簡非隱於无矣其用相發而其理有不足以相當也哉神明於卦爻之內則易本陰陽之理以爲書也人會陰陽之理以成德也人固天地之心而易亦性命之奧矣其理相通而其善有不足以相配也哉由是觀之而易之廣大見矣雖然易書固該乎人道而人心實備乎易理者也聖人心涵太極全體動靜而以其理示之易故易作而聖人之心極昭焉此易簡之所自來也吾人之心孰

不有太極乎而往往以自私用智累之所以卒畔于易也是故易知易從之訓聖人首發於傳而此復以其相配言之若曰易簡吾心所本有也而易特與之配焉耳然則自喪其良而不知求配於易者可不爲之動心乎

書

愼厥身脩思永惇敍九族庶明勵翼邇可遠在玆

黃休泰

同考試官教諭張　批　此題似易實難作者不掇陳言則勦浮詞理渾涵而文醇雅者僅見此篇

同考試官教授莫　批　融貫心理思致悠揚流通知邃之學不當如是邪取之

考試官教諭黃　批　莊重有體

考試官教諭朱　批　峻潔

人君知所以脩德則其化大行矣夫君身萬化之原也德脩于上而天下國家之化有不裕如矣乎皐陶陳謨而廣之也蓋謂人君之治求之

於外者拂而難反之于已者順而易所謂迪德謨明者亦惟於身焉取之誠使其逸欲是戒敬脩其可願之善而發號施令之必臧兢業自持率循於罔愆之度而出入起居之必欽然猶謀慮深長不以小成而自安言而思世為天下法也志意高遠不以近利而自狃行而思世為天下則也以此迪德則脩身之外無餘理而思永之外無餘心吾見氣機感動而道化流行由之而家焉此心同也此理同也異文以合愛懽然

情意之浹洽殊事以合敬沛然恩義之流通觀
于其家而家無不齊也是不由于脩身乎由之
而國焉此心同也此理同也百僚師師奮庸以
熙帝載庶官濟濟祇慎以亮天工觀于其國而
國無不治也是又不本于脩身乎又由家國而
之天下焉此心同也此理同也舉此加彼有不
疾而速之機篤近舉遠有不行而至之妙萬邦
之協和皆俊德之所昭宣四方之風動皆惠迪
之所衣被觀于天下而天下無不平也又豈能

外于此身之脩耶夫脩身則迪德之實可見而其化蓋不止于謨明弼諧而已非吾君之所當務歟嗟乎是説也天德王道一以貫之者也其要在于兢業萬幾蓋幾者動之微善惡之所由分也察微知著圖大於細而檢身之功益以邃密其于治也何有此皐陶所以尤致意於終篇也堯舜執中要不外是序道統者而謂皐陶見而知之有以哉

我受天命丕若有夏歷年式勿替有殷歷

年

蔣龍

同考試官教諭張　批　說君臣同心祈命詞不繁

辭意自暢達可以爲文矣

同考試官教授莫　批　語緒和平想見當時氣象

經義之優者

考試官教諭黃　批　體裁渾雄

考試官教諭朱　批　典暢

大臣欲君臣期有周受命之永兼乎二代焉甚

矣天命之難諶也然則欲兼二代之永命者不有望于君臣之相成哉召公陳誥于王而深致意于此也蓋曰天命之簡畀無常上下之責任則一我之欲其勤恤者豈有他哉亦相期於無窮而已誠以我周之命文考之所誕膺締造亦艱難矣茲欲其中土之乂克配上帝有以衍統緒於昌明武王之所迪有積累亦憂勤矣茲欲其初服之慎克享天心有以垂曆數於悠久遠而稽之於夏歷年四百何其祚之靈長也然祚

于有夏亦可以祚于有周將申命而用休近而觀之於殷歷年六百何其慶之綿延也然慶於有殷亦可以慶于有周將眷命而用懋益乎夏而又克兼乎殷天之祐也無已吾受之也亦無已宜君宜王得以紹休于先烈矣同乎殷而又克兼乎夏帝之畀也無疆吾承之也亦無疆克長克君得以媲美于前代矣雖曰周命維新安知其久而不渝也上下勤恤正以迓滋至之休可諉曰我周受命止如夏而已乎雖曰多方誕

受安保其遠而不替也君臣同心正以凝單厚之福可誘曰我周受命止如殷而已乎吁召公之欲君臣祈天永命如此可謂深切著明者矣雖然帝天之命主于民心而敬德又所以諴小民故曰王其疾敬德又曰欲王以小民受天永命人君以德諴民則至和熏烝天心感孚歷年久長可以馴致宜乎召公反覆致意也厥後成王爲周令主而卜世卜年皆過其曆然後知老成謀國之慮非偶然者噫其斯以爲召公歟

詩

天保定爾亦孔之固俾爾單厚何福不除

俾爾多益以莫不庶

陳聯芳

同考試官教諭龔　批　題語若重複而其中自有脉絡此作體貼得精可以式矣

同考試官學正彭　批　詞意渾成而且有倫得作詩之義

考試官教諭黃　批　是能發揚忠愛之情者

考試官教諭朱　批　典雅

臣子託天眷君之至而錫福無所不備焉蓋百順之謂備福莫大焉詩人之祝其君者以之忠愛之情可見矣且天保臣子有愛君無已之心故託諸祝頌以致其願望之私若曰吾人受君之恩渥矣莫知其所以報者亦惟望諸天耳天之所以眷吾君者何如降鑒不遠所以扶持而安全之者益篤其仁愛之心使之滿而不溢高而不危將以奠之磐石之固而承藉之基恃以

無恐矣臨下有赫所以保右而申命之者益隆其眷顧之私使之身其用康國其用寧將以措之泰山之安而帝位之履賴以不疚矣所以保定之者何其固耶蓋使爾之受福也與時俱積既斂之而益厚矣然厚薄之勢相乘者也所受者一或不繼則厚者有時而薄非福之全也其必有秩之祐默運夫循環之端前之所錫方除其舊而後之所繼已布其新翕受有無方之益而美利穫厚終之慶是所以成其盡厚者益不

可窮矣又何有不除乎又使爾之受福也日進
無疆既集之而多益矣然損益之機相形者也
所受者一有不繼則益者有時而損非福之備
也其必多助之至引之爲盛大之休在此者惟
見其有餘而在彼者非見其不足天心篤栽培
之理而造化無多取之忌是所以成其多益者
愈不可紀矣又有何不庶乎至是則吾君諸福
之物爲始備而吾人顒望之私亦庶乎少慰矣
大抵人君之所奉若者天道也則其所以欽承

之者亦惟天之明命而已天保臣子必備言其
天福之隆得無侈乎噫雖其願望之深媚愛之
至其從諷諫矣乎故召公卷阿之告必本於壽
考福祿之盛而書以斂時五福爲武王告葢欲
覆其盛者思以保其終而以克負荷者當自得
之於言意之表此固詩人之意也其得告君之
體可與言忠愛者與
倬彼雲漢爲章于天周王壽考遐不作人
追琢其章金玉其相勉勉我王綱紀四

方　董星耀

同考試官教諭龔　批　作人綱紀之義發揮始盡錄之

同考試官學正彭　批　此必有得於
聖化者可與言詩矣

考試官教諭黃　批　渾然成章可誦

考試官教諭朱　批　文有典則

詩人兩興美聖人之德自其化人統人者言之

也蓋德者治化之本也周王之德久而且純其能振作綱紀天下也宜哉此詩人所以歌咏之也其託興之意若曰在天皆成象也惟兹有取於雲漢之爲章焉其懸象也倬然其甚大其著明也煥乎其有章在天之文於斯爲至矣况我文王之德之久不足以成天下之化乎蓋民風之所尚恒視乎所感之淺深也我周王至德之所感召而必得其壽皇天之所眷命而多歷年所是壽考也者所以運教思於無窮者也故在

上者鼓舞作興有以神其機於無間而在下者
敏德遷善有以翼其進於日新大以成大小以
成小而一代人文之運於是乎開之矣聖人之
所以化人者蓋有所自如此在物皆有文質也
惟玆有取於文質之至者焉追琢以爲章而盡
人之巧也金玉以爲相而渾乎天成也在物之
理於是爲至矣況我文王之德之純而不足以
維天下之治乎蓋人心之所向恒視乎君德之
純貳也惟我周王持自强不息之心而恒以一

德操憂勤惕若之念而健以體天是勉勉也者所以運王道於無外者也是故在上者勵精明作有以握其機於至一而在下者範圍曲成有以萃其渙於大同綱則常張紀則常理而天下一統之盛於是乎基之矣聖人之所以治人者蓋有所本又如此矣是則舉天下而皆在於綱紀教化之中則髦士之趨六師之及其所得於此者多矣文王之德之盛不亦徵諸是哉抑觀周道之昌自文王要其成盛德大業後世無以

加矣而要其所以自得則自敬始故曰敬止曰勉勉曰亹亹此純亦不已也惟不已故教化之所以成綱紀之所由布而周之興也勃焉自此而執競之武王勉敬之成王因之以爲祈天永命之基皆此道也故古今致盛治而爲天下後世之所不可幾及者未甞不自敬得之豈但文王爲然

春秋

秋宋人齊人邾人伐郳莊公十有五年公

會齊侯宋公陳侯衛侯鄭伯許男曹伯侵蔡蔡潰遂伐楚次于陘 僖公四年

林貞相

同考試官教諭羅 批 齊桓主盟而敢專征他尚何責焉詞嚴義正無踰此作

考試官教諭黃 批 得正名本意

考試官教諭朱 批 簡嚴

春秋兩紀兵事有序外君主兵而見其罪有序伯主專征而見其罪夫諸侯不得主兵伯主不

得專征皆分之所在也郳與楚之伐也而春秋烏可追其罪哉且嘗攷周官而知有周之所以制兵矣天子以一人而蒞萬邦故有用天下諸侯以討不庭焉未聞諸侯而主諸侯之兵也方伯以六服而承天子故有奉天子明命以討不庭焉未聞方伯而專方伯之兵也春秋而降周制不存列國用兵恒隨時之所變以爲上下蓋自霸圖之未成也而權無所統則以諸侯而自用其兵有如宋恒之伐郳郳附庸之小邦伐之

非也然而宋人所以伐之者一出於已而未嘗有王朝司馬之與聞牙璋無起旅之文虎符無與兵之制徇其所私而威福自便人臣懷靖共之心者不爲此矣不然則彝黼九章之器宋之所以承先王也是皆所以尊王章勵臣節而桓之專恣至此何有一念本原之思乎春秋於郳之伐也而以宋爲主兵主兵豈諸侯事哉而桓之罪自明矣迨霸圖之已就也而權有所歸則以方伯而弁徵其兵有如齊桓之伐楚楚憑陵

之大邦伐之宜也然而齊桓所以伐之者一專
於己而未甞有王朝司馬之錫命在庭無弓矢
之賜在廟無鈇鉞之頒犯其所禁而匡合是圖
人臣懷畏抑之心者不爲此矣不然則五侯九
伯之命齊之所以承先王也是正所以尊王靈
肅侯度而桓之專擅至此何甞一念冠履之思
乎春秋於楚之伐也而以齊爲專征專征豈方
伯事哉而桓公之罪又明矣雖然宋之伐鄭不
足論也齊之圖覇功也安中夏攘外夷無不以

尊王爲名而陘亭之師徵王貢問王祭焉此尊王至大也舉天下至大之名而不能仗天下之大義以大分臨之宜楚之能爲辭也夫苟知春秋之法諸侯無專兵方伯無專征舉天下之大而唯一人之命是從天下可大定矣吁此春秋所以爲經世也

吴子使札來聘 襄公二十有九年 夏曹公

孫會自鄸出奔宋 昭公二十年

陳奎

同考試官教諭羅　批　會傳成文長於褒貶者

考試官教諭黃　批　開闔有法

考試官教諭朱　批　莊重

春秋以過中貶辭國之賢以世類進去國之士此見季札爲賢者之過故責之備公孫會爲賢者之後故善之長也其春秋因事褒貶之敎乎且札吳之公子也聞樂知德吾嘗聞其賢矣賢而特書春秋之法經於札之來聘獨以名紀者何蓋君子遇變而能通故道行而無弊札之在

吳非猶泰伯之於周夷齊之於孤竹也札非壽
夢之所賢者乎使札也承父兄之志以慰其付
託之重則邦其永孚於休胡乃徇狷介之節而
昧大中之道效匹夫之爲而陷賢智之過則延
陵之逃不免爲於陵之操而專諸之禍兆矣噫
以札而非賢也則固無足責矣札而誠賢也其
可使之有過中之行也哉故因其來聘而特以
名稱所謂責賢之備者以此若會者曹之大夫
也待放而奔是亦人臣之常耳常事不書亦春

秋之法經於會之出奔賢以公孫著何蓋君子節立而不毀故名遠而彌光曹之有子臧猶唐之有巢許虞之有務光也會非子臧之後裔乎使會也懷利祿之榮有忝於箕裘之紹則世德弗能作求今也自鄭而待深得察罪之宜賜玦而奔尤協去國之禮則守道不失適光於守節無求而甘棠之愛求矣噫以會而匪臧也則亦無足錄矣會而有臧也其可使之泯滅無聞也哉故因其出奔而特稱公孫所謂善善之長者

以此是則均一辭國也在季札則責諸其身在子臧則錄諸其後聖人豈有厚薄於其間哉無亦以中道防之耳雖然臧固無議矣札其可少乎當勢利喧豗之時而能砥礪名節誠足以廉頑立懦觀其掛劒示信退師全名其所見者甚定也豈與利疚勢回盛衰改節者比哉使國人能成其志則亦可以垂名於不替矣惜乎所值之非不得以遂其附於子臧之志也然則君子責人固所當備而取人尤可不恕也哉

禮記

大樂與天地同和大禮與天地同節和故百物不失節故祀天祭地明則有禮樂幽則有鬼神如此則四海之内合敬同愛矣

楊棨

同考試官教諭羅　批　聖人心通天地故禮序樂和功用隆懋此作根極理要而辭復昌逹錄之以式

考試官教諭黃　批　精醇明暢非苟作者

考試官教諭朱　批　整雅

論禮樂之成功合造化而感人心也蓋聖人之禮樂與天地相爲流通者也則其感人心也豈容已哉且夫不觀禮樂之功用極其隆無以見聖人之制作極其善何以言之樂一也謂之大樂者和之至而非徒假於聲容之末者也欣喜歡愛之情胳合乎絪縕化醇之妙卽天地自然之和焉禮一也謂之大禮者序之至而非徒事乎器數之煩者也親疎貴賤之制默契乎高下

散殊之理卽天地自然之節焉夫惟其和之同也故能以和召和昭宣化育而百物爲之咸若無或失者矣夫惟其節之同也故能以序贊序節事天地而百神爲之受職無弗享者矣是則禮樂鬼神其致一也自其明而在聖人之制作言之則有禮樂禮樂者有迹之鬼神也自其幽而在天地之功用言之則有鬼神鬼神者無形之禮樂也其合造化如此是天地且弗違而況於人乎吾見大禮之所感召興起其退讓之風

四海雖大莫不有序有等而相接一於敬矣大樂之所潛孚敦尚其仁厚之俗四海雖遠莫不和親和順而相與一於愛矣由是言之禮樂成功之大自有不可誣者謂非達天德之聖人其孰能當之雖然要之皆出於吾心耳蓋聖人之心與天地本同一理其始也法天地以爲禮樂終則以禮樂而贊天地至於天地官萬物育則其功化之極固有不期然而然者故曰吾之心正則天地之心亦正吾之氣順則天地之氣亦

順兩間之妙用莫有出於此心之外者此其所以與天地參也嗚呼先王之道禮樂可謂盛矣君子力此二者以南面而立夫是以天下太平也

李遇春

同考試官教諭羅　批　由身達治天人合一之學

亟加此發明透徹無踰此作

考試官教諭黃　批　峻潔得體

考試官教諭朱　批　淵朗

君子以禮樂而爲治則天下化成矣夫禮樂出於吾身致治之本也君子舉而措諸天下而有不化成者哉夫子告子張問政至此謂夫禮樂之道其用雖達諸天下而其本不外於吾身是故君子蓋嘗言而履之矣匪以自淑也舉而施之於有政吾身之序達之爲天下之序蓋嘗行而樂之矣匪以自豫也推而見之於臨民吾身之和達之爲天下之和向明莅治之餘有以立大中至正之矩出乎身者加乎民者也正位凝

命之際有以妙體信達順之機發乎邇者見乎
遠者也是雖無心於天下之化也然禮達而分
自定作則自我也人莫不順其則聲教所及自
四達而不悖樂行而民鄉方建極於上也下莫
不歸其極德化所被殆充周而不窮篤恭之妙
徵至治於有象內外寧謐之休可坐而致矣而
天下之人有不得其所者乎平中之盛昭大化
於無爲遠近乂安之治不勞而定矣而天下之
事有不得其理者乎此天下之治必以有本而

立也為政者烏可不知所從事哉抑此即王天
下之道力此者德也南面者位也有其德有其
位而致天下之治無難矣是之謂天德王道聖
人履中正而樂和平之明驗也匪獨告子張爲
然他日語爲邦之問斟酌四代禮樂則夫子之
爲政可槩見者如此苟得邦家綏來動和之化
匪其所必致也哉故曰作禮樂者必聖人在天
子之位

第貳場

論

君子動而世爲天下道　林茂勛

同考試官學正彭　批　士人輒事套括以炫藝能要於理道無當此作根究本始開闔無端如入武庫而百物森具閱良驥而冀北羣空雄偉奇傑於是徵矣

同考試官教授莫　批　文章多技惟在主理而澤氣思致淵深詞華鬯茂者僅見此篇人其退避三舍乎

考試官教諭黃　批　格高詞古學博氣昌要之

令人灑然作七佳士

考試官教諭朱　批　充達瑩徹而操縱有法特

不足傳邪

君子會道於身而天下不能外之以爲道是故操之至約而施之則至廣取之至近而推之則至遠君子豈嘗以吾之動於此而特以待天下後世之人使其必吾信且從也而天下後世之人亦豈以其道之出於君子有所企焉而求以不外於其道耶吾知其動之也自其身焉而與

斯民共由之而已而人之囿其化守其法者相率焉以爲日用之常而卒不能外乎其道而亦不知道之出於君子也何也天下之人不同而其心則君子之心也後世之天下不同而其民則當時之民也君子以吾心之同而觸其本然之理備制作之善而盡鼓舞之神則道之行也固天下後世之所固有者矣民方安於其心之固有而相忘相比於治化之中雖欲外之以爲道其可得哉嘗讀書曰亶聰明作元后元后作

民父母天命賦予曷嘗有所豐嗇哉君子得其清且厚者天民之先覺也天之所縱者也而覺民之責不得不任焉天生斯民使之司牧而理人之責不得不任焉君子當君師之責而勢之所必趨者天也君子奉天時者也時乘之責不得不任焉夫君子兼此三者於天下而天下之生也不能無父子君臣兄弟夫婦朋友之倫焉斁其倫則相夷不能無飲食衣服器皿貨財之欲焉從其欲則相逐不能無官府質劑簿書會

期之煩焉任其煩則相爭君子懼民之必底於過也而思所以一之於是乎議之禮焉制之度焉考之文焉爲之冠婚喪祭之典郊社朝聘之儀燕饗射御鄉相見之節升降上下周旋裼襲之序類不可勝紀而其爲禮則一也所以敦民行也爲之冔收弁冠之象韠帶佩笏之章輅弧旂旍之等豆登几筵之則斗斛權衡之信宮室舟車陶冶之具類不可勝紀而其爲度則一也所以防民慾也爲之龍文穗書龜字鍾鼎倒薤

之文四聲五音六書之義類不可勝紀而其爲
書則一也所以同民心也夫天下之人犁然不
可齊也其事至賾而不可禦而其變至雜而不
可理也持多術以臨馭之猶懼其不可爲也而
謂此足以一之乎吾知斯人之在天下其性之
不可解與分之不可逃者非强焉而致之也有
能外斯五者以有立乎故禮議而天下之人可
盡也相生相養之道缺一不可而患不防則傷
欲不節則流故度制而事可盡也僞之滋變之

不可已也書契作則亂止矣故文立而變可盡
也夫是三者誠足爲一天下之道矣而亦豈君
子任意創制爲之者哉君子膺天命居天位以
治天之民夫亦曰以天之道治之爾天地有卑
高之位在人則爲禮有方員之體在人則爲度
有陰陽之文在人則爲文是禮也度也文也天
之所授也君子與夫人一也其初本一而人自
異之爾是故本其所固有者推而使天下後世
共由之而已也故其議之制之而考之也非曰

為天下作則也自其身之履者而議之則禮矣自其身之用者而制之則度矣自其身之著者而考之則文矣人見其倫理中乎節文動容合乎規矩經緯通乎天地曰道之在於君子之身者然也而不知其卽天下之道也何也微斯人則三者曷從生哉人見其司徒之所授冬官之所裁內史之所掌而行人之所頒曰道之在於天下者然也而不知其卽君子之身也何也匪君子則烏與議而制而考之哉故典章文物之

著皆精神心思之微綱紀法度之具悉性命天人之蘊四海千禩之遠卽几席戶庭之近合人物貫古今而通極於造化者也是故徵之庶民考之三王質之鬼神而俟之後聖無有乎或閒者至矣哉君子制作之善乎蓋至是而會道之全矣由是達之朝廷百官則而象之推之邦國庶人悅而安之垂之後代百王率而由之以之而顯神謨申話言渙大號則罔不欽焉天下之不佩服而諷誦之者未之有也以之而陳藝極

樹表儀程大猷則罔不臧焉天下之不駿惠而承式之者未之有也世不同而禮同貴賤以章隆殺以辨卑高以陳安於倫矣而孰知其議之自君子乎世不同而度同小大定其儀方員成其象長短協其則便於軌矣而孰知其制之自君子乎世不同而書同結繩以代百官以治萬民以察習於文矣而孰知其考之自君子乎所謂不降皇序下堂陛而天下後世之人各得其願安於其分鼓舞於道化之中而不知誰之所

爲嗚呼至矣信乎操之約而施之則博取之近而及之則遠也已稽之古昔禮帝饗祖爲市畫卦皇之道也親睦徽典輯瑞同律帝之道也敷土濬川綏猷肇脩列爵分土王之道也維時於變從欲風動咸和汞清之化流被四訖迨今誦之不衰也抑記有之五帝不襲禮三王不沿樂禮樂道之大者而曰不相沿襲何也蓋嘗聞之孔子矣曰殷因於夏禮周因於殷禮所損益可知也夫殷周之君其人則聖神其時則變革而

其世則千有餘歲矣文質三統不必於同而三綱五常之大者則未之有改焉記者所稱特禮樂之具云爾古今之變不同而俗之便習亦異久之不能無弊者勢則然也變通宜民之道在堯舜已然而況於三王乎是故值其常也則不愆不忘君子之所以動於天下者爲未弊值其變也則損益宜時以足君子未盡之意者固不害其爲道也不然田井矣官周矣以秦新行之而曰道先王之動可乎雖然予思斯言蓋尊周

之意也自皇王立極三重之道至周而大備宗廟朝廷之儀方位國野之規九歲頒諭之制詳在周書綿延至於後世天下之勢久矣而同軌同倫同文之治猶相與守之無有自用自專以干先王之典者弁髦之國大不能邾莒尚足以奔走天下之諸侯陳檜之詩猶或有西方美人之思原其所自則文武周公之所以動天下後世者深且遠也然則君子會道於身而天下後世不能外之以爲道不益信也哉

表

擬

賜歷代名臣奏議羣臣

謝表 永樂十四年

黃星耀

同考試官教諭羅 批

語意渾成援引精切咀嚼

覺有餘味可以式矣

同考試官教授簡 批

體裁莊整不徒騈儷而已

是用錄之

考試官教諭黃　批　麗而則贍而不劇是長於四六者

考試官教諭朱　批　措詞春容忠愛藹然得體

謝體

永樂十四年某月某日臣等伏蒙

聖恩頒

賜歷代名臣奏議者

伏以

聖主採言式廣師資之益

明庭錫類永垂獻納之規慶
嘉帙之告成荷
殊恩之荐及
寵逾三錫喜溢百朋臣等稽首頓首上言脩齋
平治理不間於古今手足腹心義無逃於
天地自開闢之始即有君有臣以相臨中載籍
所傳皆立德立言之不朽喜起之迹雖遠
謀謨之範猶存能主善以爲師斯與治而
同道故君子尚友往哲而聖人且擇狂夫

況名臣登對之所陳皆忠義精華之所發
善惟主一文不在茲自杞亡文獻之無徵
暨漢興詩書之不事典刑已墜奚取神交
姓字徒存粗同耳食故魏相疏賢良之策
而唐宗錄忠諫之屏蘇軾敷陳疏僅呈於
陸相汝愚採摭編止及於宋臣惜乎未覩
完書信矣難聞要道時將有待事匪偶然
恭惟
皇帝陛下

學本誠明
聖兼述作
宣威沙漠長清瀚海之波
凝命幽燕永定鎬京之鼎
堯仁舜智一德以建厥中
武烈文謨重明而麗乎正乾坤奠位華裔歸
心屬治定而功成欲圖艱以保大因時立
政每勤結網之思稽古求賢恒切掄[illegible]之
嘆偶有見於遺直眞興深契於

淵衷如鄧張諸葛之流及董賈更生之輩曾效
忠於往代寔垂範於
今時卽意氣之相孚豈世代之能隔欲徵激勸
必藉表章
璽書爰賁於
春宮編纂特頒於翰苑因而博采咸以兼收
紀運自周武至宋元幾四千年而未訖條
目自君德至夷狄積三百卷而有奇義例
體裁備諸子百家之旨文章議論採摹書

列傳之長理本無窮眞展卷而有益事皆
可法若指掌之易明續六經之所未該驗
累朝之所已試豈云小補允也
大成
錫以徽名頓重斯文之價
付之良梓允爲
天府之珍首宣
賜於
二宮隨覃

恩於庶位視爲臣鵠喜有的之可邀採若智囊
信隨求而各足是何遭逢之有幸而衣被
之無窮也臣等學本面牆無由納約才非
補
衮何以報章每懷古道之脩深切高山之仰
先知先覺得我心之同然是訓是行惟
君子之所使庶見馳聲
閭閻猶慚學步邯鄲敢不仰體
鴻私勉抒駑鈍爲臣而必欲盡臣道學古而

期不愧古人三復斯言用代韋弦之義再
陳末論聊伸犬馬之恍步亦步趨亦趨程
法期無忘於前烈可曰可否曰否獻替矢
不負於他時伏願
言必見諸躬行
博則歸於守約
任人惟舊
進德圖新
終始惟勤學古訓以有獲

緝熙罔懈率舊章而無愆
霈雨露之恩咸歸
大造
擴河海之量不擇細流
治教萬年
君道與
師道同泰
車書一統文運偕
國運竝升臣無任瞻

天仰
聖激切屏營之至謹奉
表稱
謝以
聞
第叁場
策
第一問
楊棨

同考試官教諭龍　批　我
聖祖
皇上功德竝懋淵源所漸得自傳心誠足以媲美往聖而下視近代是作援
據精確賛述詳明其涵濡治化獨深者與

同考試官教諭張　批　正道不傳曠矣千載我
聖祖龍興
皇上紹述後先同光要非偶然于能揚厲
闡休而根極要領必俊茂博達之士也用錄以傳

考試官教諭黃　批　敷揚我

聖祖創業之隆
皇上中興之盛犂然當於人心非漫作者

考試官教諭朱 批 天人一理古今一心我
聖祖
皇上作述可以推見是作獨能對揚録之
帝王之所以明聖兼資而作述並隆者無
他焉法天而巳矣法祖而巳矣天而知所
以法則藴之爲天德發之爲王道皆盡善
盡美之規而其詒謀也遠祖而知所以法

則上以體天心下以奠民命皆善繼善述
之道而其敷治也周不于其文于其實善
法天者也不師其迹師其意善法祖者也
作者之謂聖而善法天其知所以作乎述
者之謂明而善法祖其知所以述乎以淵
懿端純之則而肇駿龐高朗之業以開拓
積累之勤而衍昌明閎遠之緒先後一揆
古今罕儷則我
高祖之創造丕基與

皇上之赫然中興者可得而颺言矣夫天與祖
之所當法者何也豈不曰人君之有天下
受之於天受之於祖宗乎受之於天則君
曰天子民曰天民位曰天位祿曰天祿政
曰天工國曰天邑典禮曰天敘天秩賞罰
曰天命天討自念慮以至猷爲燕居以至
大廷孰非天之所照臨者而可不奉若乎
受之於祖宗則對其神祇奉其宗廟臨其
人民統其子姓握其大寶守其宗器主其

社稷山川若其草木鳥獸自一身以至四海日夕以至永年孰非祖宗之所付畀者而可不敬承邪稽之於古若堯舜禹湯文武憲天立極夏啓太甲高宗成王皆以繼述擅稱載諸典謨訓誥可得而睹已漢唐宋諸君創之者多靈承之素而欲守之者盡效法之能難矣宜乎雜霸雜夷而微弱不振也洪惟我

太祖高皇帝起自淮甸天與人歸

豐功烈偉震燿今古所謂
嘉言善行神謀懿範蓋嘗得於故老之所傳
聞學士之所闡繹其見於日曆者自興臨
濠迄於洪武六年凡戒敕之諄複征伐之
次第禮樂之沿革刑政之設施羣臣之功
過四夷之朝貢率多登載乃宋濂敬序之
曰功高萬古也得國之正也獨稟全智也
敬天勤民也家法之嚴也兵政有統也揭
其大要於簡端矣其見於

聖政記自起甲辰以至洪武三十一年凡攻守之機宜中外之政令人才之用舍制度之損益詔命之敷宣災祥之著見頗已條列乃夏原吉略論之曰制禮作樂脩明典章定郊祀而定學校尊孔子而育賢才黜異端而表章典籍正神號而嚴秩祀典察天文推曆數定封建謹法律慎賞罰撫四夷總其大端於末篇也此特其梗槩而已他如日曆

續編之所紀注五倫書之所採摭政要之
所裒次事蹟之所綜述未易殫數貞與典
謨訓誥相爲表裏而謂足以盡之乎迨我
皇上膺運中興德業竝懋如
四郊分而陰陽位
九廟列而功德敘
玄極建而
烈祖歆
明堂立而

嚴父饗體玄象則
皇穹有宇倣金匱則
皇史有宬謹時巡則
太狩龍飛有錄重農事則無逸豳風有頌賡
聖謨則表尚書之三要揚
先德則疏遺治之五事明
大典以立人極毀土像以崇師道正祀儀以黜
　虜族斥異端以銷佛像
七陵有述達精禋也

感雨有吟恤民隱也
平臺有詩勑時幾也
重華有籍端尚友也通
懿親之好則使
問時行杜倖門之入則爵賞日愼受交南之
欵則功收干羽絕塞北之請則
慮周帷幄
乾剛振而政令出於
朝廷人心順而教化達於天下諸如此類眞

有非漢唐宋諸君所能彷彿萬一者何哉
亦曰
皇祖善於法
天而
皇上又善於法
祖耳夫言法天者莫著乎詩言法祖者莫辨於
春秋詩曰敬天之怒無敢戲豫又曰畏天
之威于時保之篇中陳述不一而足春秋
明王道黜伯功而於初稅畝作丘甲諸事

悉筆於書以垂鑒戒其維持法守何緫緫
也試觀我
皇祖端莊誠慎動稽天則嘗曰人君一言一行
皆上通於天必敬以將之而後行無不善又
曰朕爲人主惟思脩德致和以契天地之心
故見之實政不尚彌文蓋不特
郊祀而
面加戒諭
禱雨而躬執露曝也我

皇上則又恪遵
祖訓稽求實典觀述
祖德之詩可以推見緒餘諸所行事雖不規規
擬議而意自融貫誠所謂善繼善述矣然
且
欽天而形之記頌
畏星變而見之勅文夙夜兢業罔非對越是
其法天者正所以法
祖也與詩春秋所稱何異焉乃執事猶曰深其

本原豈以
聖道難爲形容庸衆未易窺測乎夫亦求之心
而已蓋天下之治本于道而道本于心心
以體道則道純道以出治則治裕千聖授
受端不外此伏誦我
高皇諭曰此心如止水明鏡無分毫私意累之
然後揆事度物廓然無滯又曰人心虛靈乘
氣機出入操而存之爲難罔敢自暇自逸大
哉

聖言乎我
皇上敬一有箴五箴有註夫敬所以存其心而
不忽一所以純乎理而無雜也而又嚴
郊廟謹燕居學言行貫終始則所以直乎內者
益密視聽言動皆聽命于心者也由之辯
是非察忠邪一政令端舉止則所以方乎
外者益慎蓋嘗論之
高祖之學舉其大而
皇上之學會其精同條共貫眞有互相發明者

故本原澄徹探之無際氣機充溢施之不匱以是法天則天心合以二氣爲端以五行爲緩以萬化爲委者在是矣以是法

祖則

祖德孚以仁義爲幹以事功爲標以文章爲葩者在是矣然裁成輔相範圍彌綸則有以贊化育之不及而長養培植開廣流衍者又有以增創造之舊而俾之維新其極也天下一心萬類一氣太和凝溢道化融暢

可以貞日月可以奠山川可以儐鬼神可
以綏百物可以膺五福可以協庶徵可以
畜四靈可以召諸瑞
鴻休
玄化淳曜充溢其始也法
天而旣則與天叅且配天矣始也法
祖而旣則與
祖光且紹
祖矣要亦不過自此心推之信乎

作述之隆先後一揆
盛德大業充塞天地而超越今古殆猶聞簫
韶而知舜之難名覩河洛而知禹之莫及
矣書曰維天聰明惟聖時憲
皇祖以之又曰以覲耿光以揚大烈
皇上有焉敢以是爲
聖明頌
第二問
朱成文

同考試官教諭安　批　樂書亡佚久矣季通[illegible]
新見駁正前聞一特學士宗之然猶有遺論此作考據精
詳而擴所未發其有見之言乎

同考試官教諭冀　批　上下古今是非　朗朗在目
贊明曠典以還虞氏之隆端有望於子矣

考試官教諭黃　批　考據詳明品式精當是
聳究心於樂律者取之不徒以文而已

考試官教諭朱　批　理核而詞足以逹錄之以
式多士

樂之用必有數也欲精其義者自辨數始
矣樂之體必有義也欲辨其數者自精義
始矣故本氣以定律因律以審音可語數
矣而其義寓焉義也者數之適其正者也
反情以和志緣志以定官可語義已而其
數寓焉數也者義之成其文者也是故絲
竹金石樂之器也高下淸濁樂之音也論
倫無患樂之情也欣喜歡愛樂之官也夫
器尚象而音尚聲聞睹之所及也非數耶

記曰其數可陳是也情惟危而官惟微中和之所基也非義耶記曰其義難知是也通極於人心之原而達乎造化之蘊者然後可以幾精義之學貫徹乎聲氣之元而底乎道律之妙者然後可以與辨數之識夫是以施於金石越於聲音用於宗廟社稷事乎山川鬼神而與民同者也惟樂不可以僞爲而可易言乎哉執事策問禮樂於正樂獨有感焉而專究律呂之說誠探

本矣愚生闒茸也誦説前哲間有所疑請
先窮其法而後質之可乎夫律呂何昉也
黄帝使伶倫取嶰谷之竹制十二之管吹
陽律以應鳳鳴者六曰律律以言乎法也
以統氣類物也吹陰律以應凰鳴者六曰
呂呂以言乎侶也以助陽宣氣也故律之
屬六曰黄鐘太簇姑洗蕤賓夷則無射是
也呂之屬六曰大呂夾鐘仲呂林鐘南呂
應鐘是也此律呂之所由起也究其義焉

則所假之物九成數也故管之寸九也黃鐘之聲樂之端也半之清聲也倍之緩聲也三分其一以損益之相生之聲也十二變而復黃鐘聲之總數也乃命之曰十二律旋迭為均均有七調合八十四調播之於八音著之於歌頌以奉天地事祖考和君臣接賓旅恢政教而厚風俗此樂之所由起也三五神聖莫不有樂而文武之積樂始大備考其官則大司樂大師典同也

其器則不越乎五音十二律而已由周而
下鐘律聲廢司馬遷攬三代遺文以著律
書其所載十二律分寸之數相生之法雖
合而未詳劉歆推曆律之委折以明五事
其所言十二辰積算之數職掌之官雖詳
而未盡蔡邕劉安舉其器而鐘律之議無
定說萬寶常王朴得其末而製尺之法多
互見杜夔荀勗徒誇平生穎敏之資而阮
咸夙號神解竟阻正變之悟錢樂之陳仲

儒雖擅一時音雅之名而信都芳世稱知音竟守輪扇之曲自秦至漢數百年惟太子丞鮑鄴之庶幾斯學爾而人徂音息未聞嗣其響者由漢至隋垂十代所存者鐘宮一調及七聲爾而餘為啞鐘不復睹其全者迨於有宋則研神音器者阮逸李照范鎮也而空談鮮精索之功號稱名儒者司馬光胡瑗楊時也而考究多拘攣之見蓋易竹為銅取同天下之風俗其言則繆

以準代竹取其審聲音之易達其法則悖或以律求黍而用黍之法未定或以尺求律而辨尺之智多爽文公朱子謂諸賢之說終不能以相一也信哉時則有若蔡季通旁搜遠取竭半生探討之功冥契深造資師友淵源之力獨究心於律呂之學而豁然貫通於是新書作焉自今觀之明律呂之本原則揭黃鐘以灼聲氣之元始而自黃鐘之實以至於謹權量凡十有三章

焉詳律呂之證辨則提造律以彰萬事之根本而自律長短圍徑之數以至於度量權衡凡十章焉舉其凡則黃鐘十一律之本也吹之而聲和候之而氣應而後數始形焉黃鐘得則以生十一正律十一正律各自爲宮以生五聲二變之律合十二正律旋宮各生五聲二變之律合之爲八十四律也約其要則黃鐘者其始也十二律者其末也旋宮十二律者其始也八十四

調者其末也而十二大調則黃鐘第一大調其始也而終於應鐘第十二大調其末也至於十二律大調莫不有始末之節焉証以上生下生之說則以十二辰生十二律而以陽律起數陰律減之三分損益八位相生得比次降殺之序非陰陽消長之機乎取諸旋相為宮之旨則以十二律配十二日而以正變相運減半節之黃鐘常尊不為諸役合尊卑先後之法非天地自

然之分乎言乎候氣則密室閉戶實葭覆
緹按律候之以驗十二月之氣而時序正
矣言乎審度則黃鐘之管長九十黍之廣
積九寸積寸至引而五度審矣言乎嘉量
則容千二百黍積八百一十分積龠至斛
而五量嘉矣言乎謹權衡則重十有二銖
積銖至石而五權謹矣夫制律者必先求
聲氣之元以定黃鐘之管然後十二律定
而和氣可道此正樂之法不可易者而漢

書隋志及房庶之徒乃拘拘於尺黍間爲縱橫長短之說其謬益甚矣不有元定之書則羣言日淆何時已哉朱子稱其明白淵深縝密通暢可以補樂書之缺誠非虛美也元定以弦聲候氣爲得古人制作之本而截竹候氣之說當時號爲卓然者雖然愚生竊有疑焉嘗自其候氣之法推之黃鐘候子月之氣其律九寸大呂候丑月倍律八寸三分有奇計一月而氣之上升

不過五分一釐三毫而林鐘南呂乃僅三分奇耳信如其說則九寸之下地極深厚何能遽升以應黃鐘之律乎且十二月之氣百里之內隨高下而一時竝應耶此則可疑也自配月之說推之王者居常如食舉登車則用當月之律故子月奏黃鐘之均寅月奏太簇之均至於大祀享始合樂而六律迭奏禮王者宮縣四面備十二辰之方位故樂縣之後亦依之律之配月爲

是耳豈謂候氣哉此則可疑也自製律之說推之謂以律之分寸爲樂器等差而後聲不相奪是曰從律和聲儒者失其本旨迺欲以竹管之聲與人聲相比是以求聲於律謂竹管卽律也虞書以律與度量衡竝稱以其皆度物之器也故竹管非律律之准也此則可疑也自累黍之法言之黃鐘之長九十分空徑三分必千二百黍而後滿耳其以九十黍爲黃鐘之長則儒者

一黍為分之誤也夫一黍果可以為分而又必用千二百之數則所謂欲得其廣以求聲者似矣今累九十黍而不合則夫千二百之數乃所以求長而非求廣也此則可疑也夫微言奧旨豈淺陋所能窺識而先儒亦有以新書為蔡氏未試之方故不敢自已其疑也雖然此所謂數也抑末矣不曰有義乎官者性也情者情也中和致而禮樂出焉故曰知樂則幾於禮其原一

也執事幸禮書之存而致感於正樂愚則
曰正樂與禮而俱存也皇帝之律豈假諸
數者哉蓋其垂衣而治至和浹洽鳳鳥來
鳴是爲和氣之應故聽之以制律爾恭惟
聖天子在上合天地之德建中和之極和氣流
行熏烝於宇宙間魯兩生所謂禮樂百年
而後興維其時也必有鳳凰來儀以應太
和之運協至治之聲愚生何幸躬逢其盛
第三問

王　墀

同考試官教諭鄺　批　氏族之學先王所以統攝

人心章明教化專若迂緩所繫實重學士蓋難言之此作

考據精詳末復歸之立宗法正學術尤爲有見

同考試官學正彭　批　問學宏博而品評不爽

古稱胥臣多聞張華博物當不過是矣三復敬衽

考試官教諭黃　批　考據精詳卓有定裁是

蓋博而能精其應世之士乎

考試官教諭朱　批　學博而辭復暢達錄之

先王類族之法非以飾治也所以勸民忠而明尊尊之道作民孝而惇親親之義者也是故其民嚮善而知方趨化而重恥愛敬之漸而仁讓之流使然也後世言氏族者置譜系以備婚姻詳簿狀以待選舉此殆飾治爾視先王類族之意何其悖哉斯學不明久矣姬非男子之稱也司馬子長劉知幾以周公爲姬旦文王爲姬伯彼所謂博聞良史也然且眛焉玆豈易言哉執

事舉以詢承學愚生奚足以知之則嘗讀同人之卦矣其曰類族夫同人而反異之何歟異之以同之也又嘗讀公劉之詩矣其曰宗之夫建國而必宗之何歟君之必宗之也是故先王臻化民成俗之治其必有澄本正源之道而非如後世之所謂譜系云爾氏族之道其來久矣氏族何辨乎書言九族禮稱三族故聚氏為族如父族四母族三妻族二之類是也姓氏何辨乎

男子稱氏婦人稱姓故姓多從女如姬姜嬴姒嬀姞妘婤姶姺嫪之類是也三代以前姓氏分而爲二三代以後姓氏混而爲一氏所以別貴賤也貴者有氏賤者有名而姓可呼爲氏氏不可呼爲姓者非以其係男女之別乎姓所以別婚姻也同異與庶姓各有別而氏同姓不同者婚姻可通姓同氏不同者婚姻不可通非以其明嫌微之漸乎氏不得謂姓而禮書緣大傳有

繫於姓庶姓之文似合矣然律以天子可賜
諸侯可命之說則姓氏果可合耶氏得謂
族而史傳紀元凱出高陽高辛之族似分
矣然證以商條徐陶施華向氏之族則氏
族果可分耶是則語姓氏然爾粵自五帝
之前以名爲氏所謂無懷氏葛天氏伏羲
氏燧人氏是已而稱帝則自神農軒轅始
神農之後以帝爲號所謂炎帝黃帝是已
而稱國號則自唐堯虞舜始放勳之盛本

自睦族禹績之成乃言錫姓名雖立而法未聞也商人因之雖有國號而天子世世稱名至周諱帝王之名而氏族之道由此興矣考其官則太宰以九兩繫邦國之民曰宗以族得民而小宗伯掌三族之別於是官有專職法有定守焉故其時也棠棣行葦之美作於上而角弓頍弁之刺不聞於下則宗法之裨豈小小哉秦興而宗法廢矣漢司馬遷採世本世系而作帝紀取

周譜國語而作世家庶幾人知姓氏之所自出嗣是而賈弼有姓氏傳賈希鏡有姓氏要狀鄧氏有官譜應劭有氏族篇聊氏有萬姓譜而九品中正之法則置自魏焉徐勉有百官譜賈弼王弘王僧孺各有百家譜何承天有姓苑後魏氏有官氏志而氏族志則撰自唐太宗焉他若柳沖之撰大唐姓系錄路淳之衣冠譜韋述之開元譜柳芳之永泰譜柳璨之韻略張九齡之

韻譜林寶之姓纂邵思之姓解其書雖多然約而言之不越三種一論地望一者論聲一者論字字韻無與於姓氏而地望之說悖盭更甚然皆根於世本公子譜而二書則又本之左傳者也左氏去古未遠獨擅博雅而以姜氏爲伯夷之後又以爲四岳之後則其言自相異同矣而史記世次推之則堯當爲舜之從高祖而舜妻其女文王以十五世祖臣事十五世孫紂不亦

謬哉左氏司馬且然況班固以下乎隋唐之間官有簿狀家有譜系官之選舉必由於簿狀家之婚姻必由於譜系譜系之學由茲弊矣故有恃私意以寓操縱之權則進新門而退舊望右膏粱而左寒畯如宋儒所言者作僞以售奸頗之私則賈昏而求財鬻杜而通譜如史傳所言者則其弊抑又甚焉原其所自無乃好尚之或偏祖襲之多僞乎周末之文也漢之官也魏晉

之姓也南北之詐也隋唐之弊因南北者
也標之所灼流競則必至爾非好尚之偏
耶漢興本於亭長而祖唐堯曹魏肇於宦
官而祖曹叔振鐸唐出於隴西狄道而祖
皐陶李耳風草所被欲天下返本難矣非
祖襲之僞耶嗚呼先王化民成俗之意尊
尊親親之法陵夷一至是乎五季以來其
學不傳而宋之儒者間亦有作丁維皐其
著也然僅得百二十三家難免掛漏之失

求其察統系之同異辨承傳之久遠則鄭樵庶幾遺響矣其言曰帝王列國世系之次本之史記諸家世系之次本之春秋而其要領則在得姓受氏者三十有二類自今考之以國氏以邑氏則如神堯之後封於唐周公之子封於祭是也以鄉氏以亭氏則如伯夷之後從鄉工尹麇之後從亭是也傅說築于巖而爲傅此以地也而次氏則孟孫季孫名氏則大氏懷氏焉予契

賜姓於商而爲子此以姓也而郡國則紅蘄番郴字氏則子桑子言焉或以官以爵而雲也皇也非本其官爵而氏之乎或以技以事而巫也竇也非因其技事而氏之乎彰其善曰吉德氏而冬日老成以趙衰之可愛成子之言道焉著其惡曰凶德氏而蛸氏莽氏以嚮之逆羅之誅焉他如唐孫室孫以國系仲孫叔孫以族系原伯溫伯以邑系而師宜師延則自官名氏之如

太師氏太史氏者也成公成王以爵諡因
氏頡氏以族氏王相王子以爵系而莊氏
嚴氏則自諡法氏之如莊氏出於楚莊王
僖氏出於魯僖公者也曰夏侯曰柏有以
國爵而爲氏者曰苦成曰古成有以邑諡
而爲氏者以至共叔也惠叔也非所謂諡
氏者乎侯也莫也陳也非所謂三字姓者
乎外是而有代北之長孫關西之鉗耳諸
方之夫餘則曰複姓本之以重複云爾有

東桐之平聲奉重之上聲統鳳之去聲沃
木之入聲則曰四字姓約之以四韻云爾
鄭氏竭平生討論之力自謂千餘年湮源
斷緒之典燦然在目懷負蓋不小矣然察
其實不過與林寶應劭輩爭雄長爾於先
王氏族之意槩乎未之有聞假使探討故
實繩秩無遺然於世教亦無裨也況其承
訛襲舛信疑相埒耶四聲複姓之說則不
倫汝南男子之說則近誕而又隘左氏之

言畢班馬之學謬妄不已甚乎愚也未敢
以著作之善歸之也嗟乎由周而上略聯
束之法而明氏族之學而民俗日以厚由
周而下失氏族之意而詳聯束之法而民
俗日以偷觀世道者可以識本末矣無已
則立宗法乎宗法行則民心思厚矣抑法
也必也明學術乎學術明則民德歸厚矣
本也本末之間惟執事裁之幸甚
第四問

薛一和

同考試官教諭羅　批　文章之興衰雖係世運亦有不盡然者于能條列古人如親履其庭上下論議而折衷可否其知所以尚友邪

同考試官教授莫　批　揚推文人舉中要含宜刊落菁藻歸之典雅是亦長於文矣

考試官教諭黃　批　敷析詳盡而推重巨儒可以占知素養取之

考試官教諭朱　批　評騭高下尺度截然

夫文者豈綜才設體摛詞榷菁模擬情變曲昭物狀已耶蓋以乘陰陽之化機約道蘊而出之以言者也亘宇宙之始終類物則而抒之爲經者也故會德業之全則天人之妙自洩本性情之正則純粹之用自行何以明其然也今夫天地有是氣則有日月星辰之象山川草木之形聖人有是身則有動靜語默之儀出處進退之節是故成象成形天地之文也天地何心哉爲

經爲曲聖人之文也聖人何心哉昔夫子之教二三子也無行不與而子貢以言語求之及既有得而後識夫子之文章可得而聞然文章可聞而曰性與天道不可聞則猶二之矣他日夫子語曰天何言哉四時行焉百物生焉夫四時行百物生非天之文耶夫子何言哉無行而不與二三子也故曰文不在茲乎斯文也卽堯之文思平章協和之文也舜之文明賓門納揆之

文也禹之文命允治永賴之文也文王之所以爲文顯于西土之文也雖然聖人之身天地之文也衣裳宮室之制書契舟楫之利杵臼弧矢之設器未制而文已著聖人則而象之凡彌綸範圍之具悉囿乎文非文之外有他也六經之文聖身之文也禹臻地平天成之功然後有禹貢之文周成朝聘燕饗之禮然後有儀禮之文孔子具周旋中禮之容然後有鄉黨之文身隨

在而文節著聖人筆而書之凡格言大訓之垂悉本於身非身之外有文也三代之盛也鄉黨有教歲時有書司馬有論士習而安之不見異物而遷民生其時聞見一出於正故其言多有合乎道者是以閭巷野人之謠閨門婦女之言得與六經並傳蓋雖其所出而非其所爲雖其所有而非其所知上之所化者深下之所養者厚如此也時至戰國教學不明以操術者不可

紀然申不害商鞅孫武吳起其著也而商鞅釀秦焚書之禍吳起殺妻盟母之慘則豺忍之甚者爾以騁辨者不可紀然蘇秦張儀范雎蔡澤其著也而蘇秦堅合從之盟張儀主散縱之謀則徂詐之尤者爾列禦寇之書最善設詞而離形去智澹泊無爲有飄然與大化遊超出塵壒之想然其言多與浮屠合者適以滋放誕之態爾莊周之學無所不覽而文玄思逸汪洋凌厲

有儵然秉日月上下星辰之舉蓋庶幾古之狂者惜未聞中正之裁爾荀況才高背道而性惡一言深戾孔門之訓屈平耿忠厲節而離騷諸篇不忘君臣之誼斯皆戰國之士未可謂之文也高祖肇漢戲儒簡學迄于文景經術聿興陸賈賈誼司馬遷董仲舒劉向班固嚴安徐樂之徒皆能鑄言勒思馳茗跨略騁無窮之路飲不渴之源誠瓌美之才也而仲舒號稱儒者獨發

道原之旨然不免陰陽災變之雜焉所謂語焉而不精者也仲舒且然況於三表五餌若誼者乎鄒陽枚乘宋玉司馬相如王褒楊雄之徒皆能萃申新意雕畫藻詞銘治經典之葩翔集于史之術誠特達之資也而楊雄最擅奇文務為艱澀之詞蓋亦長楊校獵之流爾所謂藝焉而無實者也楊雄且然況於媟黷貴幸若皋輩耶運洮六朝浮華極矣至唐而起特則有若韓愈

者曰光玉潔周情孔思詭然而蛟龍翔蟄然而虎鳳躍誠一代之宗工也然其論古人則以屈孟馬楊爲一等乃單孟軻爲伍先儒嘗譏其無頭學問徒費精神矣則所謂因文見道不知果合於道否也大顛之比宰相之書豈君子居身之珍儒者衞道之嚴哉彼柳之峻拔劉之譎怪又不足言矣特丁五代萎薾甚矣至宋復興時則有若歐陽脩者賦詩似李白論事似陸贄有

周旋揖讓之態無局促拘迫之形誠斯文之隆棟也觀其言曰三代以上治出於一而禮樂達於天下乃於文章道德未知其出於一先儒嘗譏其吟詩飲酒文人自立矣則所言文與道俱不知果澤於道否也居士之作後性之說豈君子玩物之族聖人教人之道哉彼蘇之馳騁會之純正又不足言矣嗟乎四海之至廣千百年之至久而專其所長以自名其家者數人而已

而君子猶病其未能粹然於道德之歸至於呟議小言或不免於背道者而乃得與諸子竝傳至今如執事所云者蓋其故有二焉有近理之言而不能粹然澤於道者彼方溺於末世之習以其見爲學不能反而歸於正而其爲文直抒發其心之所欲言故其偏頗之情亦自不可掩至於蕩然無所近者亦能抉奇怪之言以駭世之耳目而人皆狃於其習悅其言其入人既深

則雖有反經之君子亦不能盡取而悉禁之故人徂而響猶存也而執事復究言世變之趨無乃有感於宋人之言乎曰周為上七國次之漢為下東漢以下無取焉雖然誠然矣愚聞之語曰文者配序三靈管攝萬類天地之文吾未聞有改焉豈其在人獨異歟太極一圖契先聖作易之旨定性一篇即孔子中和之義愚不敢謂其非三代之文也是故世變不足繫也已三代

而上教化行於上則比屋皆脩其身三代
而下道德明於下則君子自脩其身故脩
身者隨其身之所接物之所至莫非文也
由博約之功而造一貫之妙則出之以聲
爲法言著之於身爲德容筆之於書爲聖
經豈必綴詞抽思操觚展翰而後爲文哉
愚也非曰能之願學焉

第五問

廖雲鵬

同考試官教諭龍　批　屯田權輿一策正以觀士子經濟之略往往掇拾迄無定見推究源委而斟酌時宜可以施諸實政者莫踰此篇

同考試官教授簡　批　袪弊振法灼有定裁他日服官必不坐視民瘼錄之以端觀法

考試官教諭黃　批　條析利弊如指諸掌末篇慨嘆有深長思焉佳士佳士

考試官教諭朱　批　論事正而不苛詳而有要用世之才舍子其誰

愚聞之察利病之原者智也然必有貞固之才而後其智始成酌損益之宜者才也然必有昭曠之智而後其才始達蓋天下之事固有法密而弊愈滋名存而實則亡者非智足以及之則雖弊原之日陳於吾前亦將忽焉而莫之知既識矣舉其事而必有以成其謀非一人之力旦夕焉所可必也非一人一旦之力可成則將有震詞至矣不有貞固之才鮮不從中沮者何也

人方便於其弊而樂乎吾之能舍吾旣處其勞而且有隱虞焉則亦何不爲便安之圖必處羣猜之中任不可期之功耶是故知之未必行行之未必終也嗚呼天下之事莫不然而屯田鹽法尤甚者其在閫地則屯田居其七八而鹽法特一二耳愚生有懷欲陳久矣而況明問之及乎夫自漢文募塞下之民昭帝屯張掖之田而屯田之制始興行之而効者有之矣若趙充國

之屯於金城而饟積殷盛卒底擊零之功諸葛亮之屯於斜谷而民咸安堵用成伐魏之圖羊祜之屯於襄陽而墾田八百頃收十年之需自是而鄧艾行之則資食有儲韓重華行之則收粟省緡何承矩行之則稻田足食所謂無加賦之名而軍國之用自足無轉運之勞而倉儲之積自盈非容民之遺意乎自青州貢鹽之制周官鹽人之役而鹽之名始起然未聞其有榷也

至管仲舉伐菹煑海之利而國大富劉晏
上鹽法輕重之宜而國足用盛度善行義
清課之謀而公私咸賴外此而鹽資船運
而民力寬者李沆也錢鈔請鹽而省般運
者范祥也片言弛禁而惠及一邑者方平
也所謂斂山澤之貨以寬田疇之賦收關
市之稅以助什一之法非經國之急務乎
是故歷代不能外而我
國家亦因之請自閩言屯田之法為衛者十

有六爲所者九十有九而以籍軍十之二
者守城郭十之七者服田畝焉有二八三
七四六中半之例有新屯舊屯之名而計
其所授之田則二人合四十石量其所入
之粟則一人各十二石蓋以一方之屯而
廩一方之兵無事則荷耜耒遇警則執干
戈勤服則無曠土食力則少惰農其兩利
而無害者乎榷鹽之法爲場者七所輸者
歲二萬有奇而三場餘引僅六千有六百

餘焉置引而驗之召商而中之而徵納有本折之異分掣有大小引之殊蓋程之有時月行之有疆界輸官以粟酬商以鹽在民則食味在商則取贏其兼濟而不悖者乎夫閩之屯田非有充徐草萊荊襄泛溢之虞也雖多高原而實腴衍額輸之盈縮田里之多寡未嘗不在籍也然名雖存而實則亡矣言者曰徵餘糧之半正糧聽自給而屯倉廢因沙尤之寇補種增餘丁而

經略弛更番之法不立則視阡陌爲世守之恒產專官之禁不除則以衛隸爲私家之奴役如是而欲屯法之行可乎夫閩之鹽法非有淮運二萬潮運十萬之多也雖無專使而有專官其條告之防飭論奏之陳建未嘗不詳也然法雖密而弊愈滋矣言者曰私販不禁則課將過行影射不懲則法從旁尼夾賣之弊不察則巵而漏者也捕卒之戒不嚴則闒而暴者也如是而

欲鹽法之善可乎雖然不識立法之原則行法之委不可得而言也不明致弊之實則除弊之方不可得而言也屯田之弊果如言者乎蓋在閫則有四焉田畝存於版籍歲入歸於豪右草莽蕪於逃亡耕耨廢於貧乏則屯法之未可行也鹽法之弊果如言者乎蓋在閫則有四焉嚴出納之防杜守支之弊正行鹽之地還鹽額之舊則鹽法之尚可善也嗟乎鹽法之弊官有常

征商有定入但使稍自待者以柄其事則其芟滌之法通變之方當不煩餘力爾乃若屯田則大可慨焉請爲執事陳之今夫戍卒之名不願聽故其避之也若湯火然此固天下之通情也而此方之人乃夤緣掛籍未聞有虛伍者何也彼其平居坐食經歲無劒楯之交似聞籌給則且蟻聚支廪之司矣稽籍則存待餉則存已而覈其實則亡矣驕惰脆弱旣不堪爲公府衞一

稍逆其意則欲羣起而呼噪夫屯之制久矣歲所當入二十爲率而以其半納屯倉以其半輸城倉而遞歲轉運之數入于司農者蓋有其額焉而今則舁常數而逋之所受之田自其祖父已侵而有之而子孫已亡其爲公家產矣雖左驗甚明卒不肯少伏焉而其巧於隱避者則又依憑豪右盜沽而乾沒之嗚呼

國家置屯優戍之法豈誠不可問哉夫利弊

之在目前也自非大無睹之士鮮不徐徐察而得之然特之而莫肯議欲有謀焉而卒中阻者往往也吁於今不察則將至於必不可究詰之地矣夫才智兼資而損益合宜非經國者事乎尚其加意焉爾

福建鄉試録後序

嘉靖壬子秋福建舉鄉試事

旣竣例有録以告成將

獻之

上焉巡按御史曾佩謂宏以職事

當序諸末簡乃敢申于多士

曰文章氣運其幾相因而

聖君賢輔其道所以相成也歷觀
古今莫不皆然猗與休哉
今日文明之運士以文獲進者何
其遭際之盛而尚忍負於相
成之道哉我
祖宗肇造區宇以來稽古右文道
隆化洽百八十年于玆矣暨

我
皇上益光世德豐芑之澤旣厚且
長肆薄海內外熏烝涵沛無
遠弗屆惟玆閩粵去
京師五千餘里爲海隅之邦方
令聲名文物視東南諸郡不
少讓此豈偶然蓋成之者遠

也況士之生玆服也連山鉅海厚儲秀發精英之不可秘者自鍾爲名世之才且吾道之南肇自龜山而紫陽因之結社師友淵源文獻足徵焉詩稱申甫之生本於嵩岳傳云鄒魯多禮義之俗則諸士

之所以鍾靈山海而景行先
哲者又當倍於他邦宏之濫
兹役也獲縱觀諸士之作皆
能以文鳴世悉古今名物之
變嚴義利名實之防發道德
性命之蘊而又隱然有忠
君愛

國之思以此措之躬行發揮于
事業夫豈無益於
國者雖然宏猶有懼焉士之仕
也由此其始進臣子之以人
事
君也寔闕効忠之大自鄉舉里選
之法不可復而科目之制興

不得已乃求之言語文字之間以循辨論官材之典但靜言庸違古聖賢之所深戒有司者得無以是爲懼乎譬之種木者求用於數十年之後其培植長養無所不至固以其爲梗楠杞梓可以登於用

也
國家之所望於士者亦然有司
者持尺寸而度之謂其爲有
用之材也而舉之於是乎宴
之鹿鳴優以計偕貢之
天子之廷方以遠且大者期之也
士既得以言自售矣乃或視

以爲階而繼焉自廢繩墨舉
平生之所學與今日之所言
者如筌蹄然而甘心棄之則
所求非所望有司者之掄材
是亦罔也已
國家亦何賴於士而若是其崇
重之也亦豈忠義之士所以

自處者乎詩曰周王壽考遐
不作人君道也又曰濟濟多
士文王以寧臣道也此君臣
相成之義也我
皇上嗣大歷服方膺
皇天眷命於億萬年之久則作人
之功亦無疆惟休令茲彙征

之士衣被於久道之化蓋亦
有年明於服勤之義得無有
感激而思報者乎得無有効
疏附先後奔走禦侮之勞以
爲
國之楨榦者乎由茲道也以勵
臣節以熙庶工以弼成悠久

無疆之治則今日諸士之進
豈徒以文名而已
國家養士之意
君臣相須之義均之無負也已而
理學之傳且益徵此邦之有
人有司者不將藉以爲榮乎
寔所望二三子者其相與勗

之
廣西梧州府蒼梧縣儒學教
諭黃宏謹序

# 福建武舉鄉錄序

皇上御宇恢弘治化乃文乃武昭
德蓄威重敷求之典爲長治
之圖嘉靖壬子秋復當賓興
侍御元山曾公奉
命按閩振紀貞度遵
制掄材拔尤登俊咸稱得人焉越

兩月而武舉届期
侍御玉泉趙公奉
命往代未至乃謀于
清戎侍御古林沈公振武崇文
其議允協於是稽典訂約申
飭諸司以爲人臣以人事君
文武一道也矧疆圉多事

皇上銳意武功凡爲臣子所當仰
副乃增其品式崇其禮遇視
昔有加焉而八閩武弁之冑
草野之士抱藝而至者亦視
昔加盛焉維時
中丞吉山張公秉鉞鎮虔撫綏
南土

中丞思質王公
簡命甫臨肅清海徼士心由此益
奮及期諸執事咸集如例三
試之比能程力較藝敷言事
事惟虔簡閱惟精以進之司
馬合名氏與藝爲錄以傳彰
盛舉也錄成

元山公屬宗元叙諸首簡乃言
曰自古有天下者經緯天地
化成民物綏猷熙載濟變持
危者惟才是資而天之生人
以資世用者一代之才自足
以周一代之用顧待之何如
耳孫武子曰將者人之司命

國家安危之主也蘇洵曰文
有制科武有武舉將相於此
乎取之是故設武科者所以
延攬英雄廣儲將帥招徠韜
晦之士收拾跅弛之才者也
昔唐以武舉視文科而成平
定之功者卒歸于拔識之將

宋以求將視制科而成破虜
之勲者皆其旁招之彥蓋異
人傑士必相時而興負術抱
藝者亦往往乘幾以赴功名
之會也我
國家文武竝用超軼前古至我
皇上長駕遠馭超三邁五於武舉

一科法天以定期稽古以定
制冀得眞才爲制治保邦之
計
道久化成治隆敎洽天下士爭
自濯磨自畿甸以達于荒服
莫不宣忠效力疏附奔走各
迪乃功而垂紳者諳戡定之

略荷戈者挾詞藝之長文事
武備彬彬於天下雖以閩粤
之遠至於文化視鄒魯武藝
視燕趙猗與盛哉皆我
皇上治化之所及也事竣乃燕以
鷹揚歌以采薇采芑繼以彤
弓天保其期待亦厚矣諸士

子遭際
明時預茲明選其何以自樹以
仰答耶竊聞為將之道其先
定志其次養氣其次審謀其
次養士志定則輕重不惑矣
所以疇庸而樹勳也氣充則
夷險不亂矣所以克敵而制

勝也謀審則進退神矣所以
覘勢而知機也養士則恵愛
廣矣所以得士而成功也夫
樹勲以報
主忠也制勝以弘威勇也知機以
立名智也得士以濟變仁也
忠以主之勇以輔之智以察

之仁以行之則能柔能剛其藝彌光孰弱孰強其藝彌昌可以敵愾可以禦侮大而為國之長城次而為一方之保障有光今日之舉多矣諸士其懋之哉乃書以昭勸而藩臬暨諸司有事茲舉者皆列

名于左云

福建等處承宣布政使司左

叅政汪宗元謹序

# 武舉條例

巡按福建監察御史曾　爲武舉事先該
布都二司經歷司呈前事已經詳發該司
一面查照舊例舉行所有增損事宜合行
開坐另示去後照得文事武備寔有
國之兼資選將甄才尤方今之急務登選之
典國亦宜優隆而關防之詳尤不可輕視
隨查往牒事宜略加申明一二相應預行
以便遵守爲此案仰本司呈堂照依案驗

內事理即便轉行按都二司守巡提學各
道及府衛所州縣等衙門一體查照施行
仍令善書吏備將後開條件楷書大字告
示本院本司及都司門首懸諭俾大小各
執事應舉官生人等悉照遵依俱毋違錯
抄案依准呈來

計開

一武舉

制科本亦選諸將材但奉行者多輕武右文故

應舉者亦崇虛失實殊爲有乖盛
典今玆之舉務各恪共趨事隨器
取材苟有長技良謨必加虛心採
錄事當加厚破格作興此不惟可
以激勵邊方武夫仰體我
國家選將求材盛意亦當如是大小百執事
其相與勗之
一凡應舉不拘指揮千百戶總小旗
應襲舍人舍餘餘丁及民間子弟

但有弓馬熟閑膂力出衆兵法精曉謀略過人者照舊屬有司者赴布政司屬軍衛者赴都司報名以憑類齊結送收試如有違礙規避先期不報臨時方纔告擾者定行責治不准

一先年曾經考送赴部會考不中之人即今有願赴考此其志力未衰練習或熟若加擯棄不無遺材布

都二司仍要照例收名類送以憑
一體考驗惟監生生員省祭官及
曾經罪過人員照舊不許混送查
出通治以罪
一布都二司即會將各申送及投名
應舉人等取具各身家無過結狀
類齊照依次序先指揮次千百戶
次總小旗次應襲舍人舍餘餘丁
次民間子弟次復投考之人開造

小方冊一本先期送院以憑查考
定試
一應試日期定擬十月如文舉舉行
初九日試騎射十二日試步射俱
於教場閱試十五日試論策如貢
院較試除會同三司考驗外其自
初場前二日至揭曉日止一應投
文掛號解審及鋪遞公文暫行停
止各守門巡捕巡風驛遞等官不

許進入稟事以避嫌疑
一初二塲合用紀箭文簿布都二司
經歷司査照舊規作簿五扇將各
生次第謄寫每二名爲偶分列東
西横爲九格傍填年貌每格分作
二行一行填馬箭一行填歩箭用
印鈐記一本送院二本送提調監
試一本送都司官一本發紀箭官
各收掌臨期唱偶唱名點檢矢數

馬步二射各照格眼填記以便查
閱
一初場試馬上箭三廻共九矢每廻
馳馬直射二背射一九發六中以
上者爲上四中者爲中二中者爲
下步箭亦九矢九發五中以上者
爲上三中者爲中一二者爲下俱
以縠弓平矢直衝把子中央者准
作中數如有劄箭及中把根把槓

俱不作數酌之三場論策以為去
取
一射箭遠近俱照式用步弓量定馬
箭三十五步為則步箭八十步為
則走馬站立去處俱用石灰畫道
以為標準不許臨期攙前越後以
致參差都司先行製造把子步弓
如法送院驗看如式臨期委官步
量定樹監箭官仍要親自驗看毋

令下人聽囑增減那移作弊查出重究

一紀箭官於布侯之傍設以卓案筆墨先查簿內姓名次序熟識其人待馬步各發矢之時極目觀看果中的者方許發鼓註點報箭官即明白下籌高聲報之某人中一箭後中報亦如之射畢則總報云某人共中幾箭如無則云某人中箭

無不許狥情聽囑故縱皷手虛點
皷聲及增减箭數如與本院三司
下筆註簿數目不對即行条究不
貸
一監放馬引馬官各照馬射住之處
站定預將應試馬射員名次序查
定依序該引馬者執旗先馳放馬
者照名發騎若狥情任其攙越混
亂先後次序以致互爭者查出即

行責戒若應試之人不聽約束故
行紊亂混馳馬行者即指名赴稟
以憑查究雖能中的不容終場
一監馬箭官各照依馬射人員姓名
起數預認明白未放馬發矢之先
若有雇倩他人頂替代射或走馬
不由中道故意勒近把子方纔發
矢及箭本未中或創中把根把旗
虛聲詐報混亂傳聽及發馬即隆

仍復上馬放矢者即連人馬執送
稟治若徇情不舉驗出一體叅提
一監步箭官亦如監馬射法各加戒
慎但有頂冒代射及已經射中有
名復從演武亭後挿入未射夥內
又替他人代射者亦即時認稟以
憑叅提重究徇情者罪亦如之
一數箭官各照射箭員名起數分列
站齊高聲朗數九矢之外如有多

帶一矢者卽將應試之人執禀究
治若有容情知而不舉或公同看
出及報箭官查出連治不恕
一馬步射日俱以黎明爲期都司先
期行令三衛管操中軍等官至期
盡將應操旗軍舍餘并闔候懷三
縣奇兵機兵各照隊伍精備旗幟
金鼓銃砲盡入教場擺圍東西開
門二處監門官嚴行守把不許開

雜人等入內喧亂各應試人員鞍
馬衣服俱要鮮明便捷初塲自備
馬匹弓矢立於教塲大門外二塲
亦如之先官次舍次軍民不許攙
越候本院三司官至俱赴演武亭
前聽候發放唱名試箭巡綽官仍
帶旗軍二十名周還巡邏但有不
係應試執事之人擁聚演武亭前
後將臺左右不行廻避及喧嘩飲

酒攘鬧者卽時捉拏赴禀以憑重
責枷號待武舉完日發落
一三場試卷各人自備開寫姓名年
貌籍貫及三代脚色與文舉試卷
草五幅眞十幅先期赴印卷官處
投印收候查實馬步中式有名入
場人數編號給領令於十五日五
更時分一同筆墨硯水帶赴貢院
牌坊下聽候都司分守道點名進

至二門本院公同三司親看搜撿
進入只許衣帽青衣靸鞋不許夾
帶片紙隻字及金銀圈簪違者不
許入試
一各生入場徑赴原編位所坐定候
題至作文俱要各照題義敷答條
以已見以觀經畧如有記誦陳言
徒爲文飾與問目事體不相關者
雖有騎射亦在不取仍要遵照近

例迴避

御名

廟諱及

親王名諱不許違犯惟二字不偏諱布政司仍

多查文場餘剩諱紙臨期給看卷

完同諱紙交納

一各生論策卷成即送堂交收卷官

處記數到即送彌封官處將本生

姓名年籍登簿畢將卷如法彌封

卷面照掛半號陸續送本院公同
提調監試官較閱號簿用本院印
封發提調官收掌候揭曉開拆填
名
一武舉刻録上科舊例已有況各省
亦假此紀錄名姓以鼓舞武弁人
材亦未為不可者所費亦簡今宜
查照前　巡按處　弁上科　巡
按陳　事宜舉行合用梨木板紙

劄於本司庫鹽糧銀内支用刋刻
亦務在整齊以光盛事
一中式武舉生查舊每名銀花一枝
重五錢今增足八錢作二枝紅紗
足長一疋蓆面亦增定一兩五錢
少見崇重之意其彩對盤纏兩數
俱查照舊議行宜先給銀六兩其
餘二十四兩俟各生起程之時給
領如各生不願赴京不許冐支若

已支銀兩不行赴部查出問罪
一謁曉之日都司多備鼓樂彩亭於
本院門首迎榜至都司前張掛中
式官生看榜畢各具本等衣冠係
武生軍民者各帶儒巾青員領各
赴察院前取齊府衛官用花紅馬
匹鼓樂迎各生先至
文廟次至旗纛廟各謁見畢赴都司張宴禮
待其坐席各照名次序列不許違

越失禮宴畢仍用鼓樂送歸本家
或各寓處亦照文舉舉行毋得輕
忽
一文舉爲鹿鳴宴武舉查照舊例爲
鷹揚宴都司呈詳事理行令該府
衛於本司大門外搭彩架大書武
舉徵材四字於二門亦搭彩架大
書虎士奮庸四字於堂上大書鷹
揚嘉宴四字俱用謄黃金寫酒席

蓬屋如舊辦蓋二門外合用金鼓
響器堂上仍用舞生歌采薇采芑
彤弓天保等詩俾知用武酬功仰
祝
君恩之意是日各官俱穿大紅本等錦繡服色
用隆登選不必疑忌
一武舉供給筵宴三場茶飯茶餅貢
院內各執事官供給及迎送武生
旗彩花紅等項布政司查照舊規

行福州府轉行閩候懷三縣置辦
置造應用務令鮮潔豐腆供事人
役必須恭敬周詳不可怠忽苟簡
其宴上合用椅卓什物并磁器柴
薪各委官於貢院內取用事完即
令經手之人照數點還不許科派
里甲及鋪行厢長置辦租借以致
困累

一武舉初二場合用紀箭報箭數箭

引馬巡綽監門等官貢院內合用
印卷彌封收掌巡綽搜檢望高供
給各執事官及寫榜吏書人役布
都二司各查實合用員名及堪以
委用員役先行多開揭送以憑會
酌選用其各執事宜俱照本院科
舉條約遵行不許悞事取究
一三場先期於十四日本院會同三
司及各執事官進入貢院點入監

軍及十五日入場時刻并十六日
揭曉事宜俱查照文場已行條約
及今案驗內事理施行

一武舉中式回籍行令各該官司以
禮迎待仍照文舉掛立捷報牌匾
以表其門其曾經會試者俱照儒
學生員事例一體優免本身雜泛
差役原係軍職亦量委管事以示
勸勵之意

一前項定試日期如遇風雨大作不
便走馬站立查照
兵部武舉舊例那借晴明之日舉
行臨期迺改曉示

# 嘉靖三十一年福建武舉鄉錄

監臨官

巡按福建監察御史曾　佩　德甫江西臨川縣人　辛丑進士

提調官

福建等處承宣布政使司右布政使朱鴻漸　子磐南直隸吳縣人　辛丑進士

福建等處承宣布政使司左參政汪宗元　子允湖廣崇陽縣人　己丑進士

監試官

福建等處提刑按察司副使汪　俅　克敬江西貴溪縣人　戊戌進士

福建等處提刑按察司副使馮　璋　如之浙江慈谿縣人　戊戌進士

監箭官

福建行都指揮使司署都指揮僉事顧邦重 良弼浙江寧波衛人

印卷官

福建等處承宣布政使司經歷司經歷戴鑄 子魚直隸桃源縣人 歲貢

福建都指揮使司經歷司都事王舜愷 慶陽直隸常熟縣人 監生

收掌試卷官

福建都轉運鹽使司同知林大有 端時廣東潮陽縣人 戊戌進士

福州府推官黃正色 印坤河南光山縣人 庚戌進士

福建市舶提舉司提舉楊璉 粹夫直隸武進縣人 監生

受卷官

福建等處承宣布政使司理問所副理問萬世謨 宗禹四川忠州人 選貢

福州府懷安縣知縣經彥寅 叔亮廣西全州人 丙午貢士

福州府永福縣知縣文　惠 仲吉江西高安縣人 癸卯貢士

彌封官

福建等處承宣布政使司照磨所照磨李　恩 子承直隸山陽縣人 知印

福建等處提刑按察司照磨所檢校聞　奇 子正湖廣羅田縣人 歲貢

福州府儒學教授潘　松 世喬直隸宜興縣人 辛卯貢士

紀箭官

福建等處承宣布政使司照磨所檢校沈載采　相虞直隸華亭縣人　監生

福建等處提刑按察司照磨所照磨李康　晉卿廣西[illegible]溪縣人　監生

福州中衛指揮使李源　仕潔直隸壽州人

福州左衛指揮僉事李倜　繼賢直隸六安州人

鎮東衛經歷司經歷張科　文選湖廣隨州人　吏員

報箭官

福建等處承宣布政使司理問所案牘郭騰　九霄直隸景州人　吏員

福州府照磨所檢校李民瞻　朝端浙江縉雲縣人　監生

福州右衛指揮僉事閻韡　廷[illegible]直隸滁州人

福州右衛指揮僉事鄭文恩 世光直隸合肥縣人

福州中衛指揮僉事王來鳳 國禎直隸合肥縣人

福州左衛中左所副千戶胡欽 公寅直隸泗州人

掌號官

福州右衛指揮使劉鎮 國華直隸龍山縣人

福州中衛中所副千戶劉正 守卿直隸丹徒縣人

福州左衛右所百戶林經 惟一福建福寧州人

福州左衛中所百戶張文欽 廷敬直隸鳳陽縣人

福州左衛前所百戶卜澄 以清直隸定遠縣人

福州左衛後所百戶劉一陽 子和福建福寧州人

監門官

福州右衛右所正千戶閻椿 廷茂山東陽谷縣人

福州右衛中左所副千戶王灝 朝瀚山後龍門縣人

搜檢官

福州中衛指揮僉事夏奕 元勛直隸合肥縣人

福州左衛右所副千戶徐鎬 廷用直隸太州人

福州左衛左所百戶呂權 仲弘山東莒州人

福州左衛左所百戶東中傑 邦俊直隸望江縣人

福州左衛中所鎮撫馬　龍　從雲 福建晉江縣人

福州右衛指揮僉事邢宗智　仲謀 山東嶧縣人

福州左衛右所副千戶林　聰　秉達 浙江平陽縣人

福州中衛後所正千戶李廷興　朝載 直隸懷由縣人

福州左衛左所百戶桂文傑　世英 直隸望江縣人

福州左衛中所百戶張應璣　世器 江西安寧縣人

## 巡綽官

## 供給官

福州左衛經歷司經歷劉文寔　宗朴 廣東高要縣人 吏員

福州府稅課司大使宗　文　廷輝江西南昌縣人　吏員

福州府織染局大使汪務本　道亮直隸懷寧縣人　吏員

福州府遞運所大使任　貴　大爵直隸江都縣人　吏員

福州府懷安縣遞運所大使葛　錦　尚絅山東濟河縣人　吏員

福州府常豐倉副使黃　文　載道江西豐城縣人　吏員

福州府常豐倉副使潘　綽　載之廣東南海縣人　吏員

第壹場

試馬上箭

第貳場

試步下箭

第叁場

策二道

問兵之道因變制勝至無窮也而易言師

律書稱步伐則未嘗無法焉若五陣約

爲三陣而以言形以察變豈形變異用

歟六化陣本諸八陣法而生於步生於奇豈步奇殊體歟風后八陣孫子八陣吳起八陣陣法同也而何以有正詭之別提十萬衆提七萬衆提三萬衆將才一也而何以有多寡之分陰符道德非專言兵而曰伐謀之宗三畧六韜未嘗外道而曰權術之書五慎五危與五事五法何以異三官三術視三道三惡何以同攻者守之機守者攻之策相爲謀

矣而又曰可勝者攻不可勝者守何歟
兵以正合以奇勝機不一矣而又曰以
奇爲正以正爲奇何歟知己知彼百戰
不殆復有難知如陰之文奚所指歟審
敵虛實而趨其道復有虛實在敵之言
果相發歟夫言兵大要不喻此數者而
其詞旨互異如此然則法果可因歟稽
諸古名將制用之妙抑何可同也試揭
二三言之馬陵之後利矣殽之而馬邑

則弗利閼與之援捷矣循之而烏林則不捷飛渡颷發兵貴迅速而堅壁不戰竟挫吳楚之鋒輕裘緩帶將尚安緩而免冑先登卒收陜郡之勝官渡之覆陳倉之遏何以同法而殊績先零之擊仁杲之降何以異用而均効百里則擒法也而魏武唐太宗之成敗不齊半濟而擊法也而符堅陽處父之勝負頓殊茲又何說也夫抵掌談戎感赴依乘之會

請纓急義各殫報稱之忠方今疆徼頻
駭虎臣佽賴屢壓
綸詔需曉暢之才築臺先隗樹髀思頗諸士將
不有其人乎資言自獻其極陳之毋讓
問令天下大計西北虜患東南海防二者
爾然孰爲棘哉言虜備莫踰漢劉賈晁
班䟽陳何互異歟我
成祖之都燕也三犁虜庭窮追荒域至望南斗
而始旋當其時勢視今無異也不知何

道以制之歟宣大薊州聯接夷壤邇歲
寇所繇入而桀頡諸部詭情叵測議者
曰增要害之戍以壯園衛築交界之堡
以固兩鎮舉併守之策以專權力言孰
當乎或謂且馳且射虜長技在平野宜
以車扞武剛偏箱昔入恃爲利其制式
可考見歟彼泜水壽斜非不用車也豈
其所據非地歟邇者互市報罷誠籌邊
之遠覽也然旣開其釁矣睹幾察形不

曰有弘略手言海防莫踰宋真吳李胡
論說何鮮効歟我
太祖之定閩也畫界肅堵且徙島民而內附當
其時勢視今無異也不知何策以綏之
歟日本諸夷出沒澳嶼頻年乘颷而舉
而瀕海居人勾結靡忌議者曰稽五籍
則兵力振杜剖尅則軍氣實嚴接濟則
生計卻言孰當手或謂朝浙暮粤寇便
習在風濤宜以舟勝樓船水軍名將不

能外其方略可指言歟彼長岸赤壁非
不用舟也豈其所恃未善歟邇者商舶
寖議誠靖海之計謨也然寔關其欲焉
酌時揆機不曰有長策乎北戎匪茹烈
士勵枕薪之志南土多故居𫎇切剥床
之憂諸士能晏然處漠然不為動乎矧
文業之也苟有執計而足効者請言之
予將虛己而聽之

論

戰陣無勇非孝何如

# 武舉中式三十三名

第一名李　振　漳浦縣民

第二名李崇武　漳浦縣民

第三名薛廷用　永寧衛軍餘

第四名張一鵬　同安縣民

第五名白良玉　泉州衛鎮撫

第六名楊　憲　福州右衛左所武生

第七名傅應佳　南安縣民

第八名王　鏊　泉州衛指揮使

第九名葉惟正　永寧衛高浦所軍

第十名林　梓　興化衛軍餘

第十一名葉志寧　永寧衛高浦所武生

第十二名傅履謹　南安縣民

第十三名陳　貴　泉州衛右所舍餘

第十四名張　江　漳州衛應襲舍人

第十五名楊安國　同安縣民

第十六名江甫運　龍溪縣民

第十七名林鳳至　晉江縣民

第十八名卓孚功　同安縣民

第十九名阮文澄　永寧衛中左千戶所百戶

第二十名黃伯霈　金門千戶所軍餘

第二十一名曾椿齡　泉州衛前所武生

第二十二名洪華明　龍溪縣民

第二十三名趙國柱　鎮東衛後所應襲舍人

第二十四名林廷中　福清縣武生

第二十五名曾德昭　懷安縣武生

第二十六名李華貞　泉州衛應襲舍人

第二十七名孫廷槐　泉州衛指揮僉事

第二十八名顏可參　漳州衛右所武生

第二十九名張　泰　南靖縣武生

第三十名李　炫　福州右衛左所百戶

第三十一名蔡存煒　泉州衛後所百戶

第三十二名翁思誨　永寧衛福全所軍餘

第三十三名薛仕勇　漳浦縣民

策

第一問

李崇武

馬上中五箭

步下中四箭

古之善用兵者有勝之形而必有制勝之用有制勝之用而必有不制勝之變故形可法而不可執者形之用也用可法而不可執者用之變也凡負勝存亡之狀昭著

而不可掩者敵與我之勢定於其可見者也形也闔闢疾徐之端因乘而不容間者敵與我之機動於其不可測者也用也乃若形人而我無形而敵之形常在我是曰至形用人而我無用而我之用不在敵是曰至用至形至用徹乎神矣法曰形用不竭其道乃得形與神用敵乃可擒是也苟徒法其形而昧其用得其用而不通其變則雖日誦戎書宗呂望而友孫吳吾患其

窮且窒也請竟其說而
執事試垂聽焉自古明計達微之士所以
應用不窮而變化莫測百戰百勝而立於
不爭之地者豈誠聖理不可究詰蓋始諸
制勝而終於不制勝也今夫龍淵太阿至
利也韜而櫃之與無利同縣之而持其柄
則未有不望而走者何也其勢機在我也
故凡兵之勝敵之失也勝敵之兵能疾能
止能積能摶疾勝鈍止勝顯積勝乏摶勝

離故嘗逸嘗近嘗靜嘗治形與用在我也是謂制勝法曰人皆知我所以勝之形而莫知吾所以制勝之形是也今夫搏攫抵噬之獸其用齒角爪牙也必托於卑微隱蔽而後能爲暴何也其形用不可得而測也故凡兵之勝制人也制人之兵無疾無止無積無摶形也不知其所由形用也不知其所自用故可顯可隱可動可靜可多可寡形與用不可測且弇其不可測之機

而泯之矣是謂不制勝法曰因敵變化而取勝者謂之神是也夫古之善用兵者未有不由於變矣由於變則亦何嘗泥乎法哉故易稱師出以律非無律也夫人而後能爲律也書言不愆步伐非無步伐也夫人而後能爲步伐也粤自阪涿鹿之績而演握奇之旨本三才之理而定八方之位奇正相生發殺機之微蘊往來不測合變化之妙用斯亦神矣太公三陣緣黃帝五

陣而約焉者其曰星宿山川編伍雖不襲
五行之用然莫非陰陽也而魏武乃謂五
以形三以變夫形可見變不可見可見者
生於不可見何嘗異歟李靖六花陣本武
侯八陣而演焉者其曰虞侯一廂二廂雖
不因大小之制然不越奇偶也而太宗乃
謂內爲圓外爲方夫方以矩步圓以綴旋
方生於步圓生於奇寧無同乎孫武本相
生之義竊風后之緒餘猶足成破楚威齊

之功然仁義節制之風陵夷盡矣蓋其權術詐變固兵家之首禍也吳起演相尅之說剽黃帝之支節竟能底破齊擊秦之烈雖教禮勵義之論庶幾正矣然其慘忍滅親斯後代之遺毒也陰符三篇云自黃帝宋儒謂爲僞儒附會之語道德五千出於老聃史傳乃有長虛亂晉之譏雖未顯言戰陣而五賊九地之旨進寸退尺之用則深於兵者也謂其非伐謀之宗可乎上中

下者三畧也或曰黃石之書文武龍豹虎犬六韜也多載太公之言雖則假借仁義然三權三疑之說强弱剛柔之義則習乎譎者也謂其非權術之書可乎桓公成匡合之功不以兵車而曰可提十萬之衆得非以師近正歟然王者無敵則多奚以為也孫吳操經制之術專尚詐力而曰可提七萬三萬之兵得非以兵尚譎歟然師貞獲吉則譎不足貴矣統而論之黃帝之於

風后武王之於太公以仁義爲形用之變其法異其心同者也孔明之未興漢李靖之能興唐以法律爲形用之變其心同其時異者也孫吳之徒爲封豕長蛇於天下以魚肉其生民其營陣行伍雖亦合法而仁義則鮮矣然以詐術爲變而亦能善其形用於不窮

執事曰古人論兵之言不同愚則曰未嘗不同也請就明問而條復之可乎武經有

曰五慎五危者理備果戒約謂慎必死必生忿疾廉潔愛民謂危也而曰道天地將法度量數稱勝則五事五法焉慎危以治已事法以御兵要之御兵必先治已事雖異而法未嘗不同也有曰三道三急者正兵奇兵伏兵謂道得地形卒服習器用和謂急也而曰鼓金旗馬車人則三官三術焉道急以戰言官術以守言要之戰主進守主止法雖異而意未嘗不同也兵不外

於攻守之宜故可攻也吾以有餘張之守之固所以出乎攻也可守也吾以不足嘗之攻之固所以存乎守也法曰攻者守之機守者攻之策是也然攻其所救而捷出其所不救形在所救而用在所不救也守其所備而先計其所不備形在所備用在所不備也是故可勝而攻使敵疑於守而後吾不竭乎攻不可勝而守使敵疑於攻而後吾不窮乎守也則其曰可勝不可勝

者非以明攻守之同一道乎兵不越乎奇正之變故十則圍之五則攻之可使由者簡閱之常也攻其無備出其不意不可知者應敵之妙也法曰以正合以奇勝是也然兵之情危情也察敵之形與吾之所形進則所爲救退則所爲備則其奇在正其術詭術也知敵之用與吾之所用進之所無救退之所無備則其正在奇是故奇之用在正我得其正之故敵不得其故也正

之用在奇我得其奇之處敵不得其處也
則其曰奇爲正正爲奇者非以明奇正之
相爲用乎不知彼已則勞逸饑飽之宜在
敵故法曰知已知彼百戰不殆然强而示
之弱來不知其所往弱而示之强往不知
其所來如此則密而不泄神而不測矣是
以貴難知焉不審虛實則有餘不足之機
不在我故法曰審敵虛實而趨其道然形
之敵必從之從之則可擊也予之敵必取

之取之則可奪也如此則先而不後進而不郄矣是以在敵焉夫是數者皆兵事之要領也夫言不足以盡意也會而通之貴得其意而已得其意則可以握形用之機故攻可爲守守可攻也正可爲奇奇亦正也知已則知彼矣審敵則審我矣闔闢出入惟其所之如戶之樞運而無端如弩之機設而不窮者也所謂因其言而識其意者不在是乎

執事曰名將制用之方不同愚則曰未嘗不同也請就明問而悉言之可乎孫臏馬陵之役萬弩俱伏魏兵至而伏發白晝夜燭之筭而龐涓死矣其後王恢効之而馬邑之伏竟以殺身蓋臏得其地恢非其地爾趙奢閼與之救堅壁不行秦遣間而夜趨北山先據之策而秦師敗矣其後曹操循之而烏林之次乃復先蹶蓋奢得其據曹失其據爾周亞夫之堅壁不戰而挫吳

楚之鋒固也獨不曰吳梁相弊之策安重
而多筭者法乎法所當待則軍有所不擊
也郭子儀之免冑先登而收陝郡之勝固
也獨不曰棄好助叛之諭信以訓人者法
乎法所可必則敵雖衆可使無鬬也張郃
計却而官渡所由覆也皇甫嵩之於陳倉
則及其走而擊之非曰歸師勿遏也先零
綏驅而窂羗所由破也唐太宗之於薛仁
杲則掩其未備而取之非曰窮寇勿追也

百里則擒均一法也太宗魏武同犯之而一則成一則敗者太宗蓋合其疾如風之旨而魏武則爭利耳豈法不可信哉半濟而擊均一法也陽處父符堅同効之而一則勝一則負者陽處父蓋知令信衆得之旨而堅軍則否臧耳豈法不足據哉夫是數者皆名將之制用也夫法不足以盡變也神而明之在會其變而已會其變則可以操運用之妙故以伏以據合法可也過

之追之其不合法可也犯擒之法而善變
則百里可也合擊之法而不善變則半濟
亦不可也作止進退應敵無方若轉圓石
於千仞之山而莫之止也若決積水於萬
仞之溪而不可禦也所謂師其意而不師
其迹者不在是乎雖然此特因
執事之所及者陳之若夫兵之難言者蓋
聞黃帝曰人發殺機天地反覆又曰三返
晝夜用師萬倍晝夜者陰陽之道也殺機

者天地之權也賊陰陽之道奪天地之機則非神武不能其至變至變者歟故曰難言也

執事曰方今疆徼頻駭虎臣攸賴屢

綸詔需曉暢之才愚生竊嘗計之矣傳曰將者

國之輔也又曰得三軍不如得一將夫將不賢則雖明主無成功師無律則雖勍卒無必効故將不知兵以其卒與敵也天生一代之才自足周用而豈必需於異世哉

乃者廣
廷薦之條重武舉之科網羅非不備也以天
下材傑衆多夫豈無文武具足之士應焉
然一遇報棘輒有乏材之嘆此其故何哉
當天下治平無事士人左干戈右文墨與
時恬嬉溺於所見之近日愒月玩不習矛
戟聞金鼓倉卒需才然後徐起而求之則
應之者寡矣故養貴豫也韓信歸漢高帝
授自儔伍而登壇且禮尊之上將竟而興

劉蹙項捐數千里之地王之樂羊爲魏伐中山謗書日至魏侯弗納卒任之竟滅中山闢地廣國乃今之擇將干城付膏粱之胤守禦任褒帶之夫故貂蟬骫罰節鉞安土安望其能振厲也無事則約束之特嚴有事則寬減之太過臨危以致果爲捷而禁例兵不得輒損是驅之行而復曳使却也饗士獎勇非財不可而銖兩一爽輒繩以貪是去梃而命之搏也授弓推轂日聞

置將而曾不聞尺寸之効搴旗陷堅爲

國家出勲力者豈其才盡下歟故擇貴精御之貴得道也夫養材欲豫然擇之而淆其眞則解豪傑之心擇將欲賢然御之而抑其才則銷忠勇之氣能擇能御夫是以眞才獲見也雖然此特末節之論耳若夫相

時幾明賞罰肅紀綱則

廟堂事也介胄之士所見如斯惟

執事擇焉

第二問

薛廷用

馬上中四箭

步下中二箭

天下之患無常形而善制之者在銷未形之變天下之法無定用而善應之者貴有不測之機何也安危倚伏是之謂無形圖之於未形則其爲力也易圖之於已著則其用力也難難易之間有幾存焉機會變

於須史是之謂不測使人可測則制於人使人不可測則能制人幾微之際有謀存焉況邊患海防軍國安危之所關也其可以不知此哉

執事以此爲問誠憂世之大也敢不掇拾以對夫天下

國家之事最患於無備而兵凶戰危尤莫患於無謀謀則備備則無患此保邦之要道也今日之大計西北邊患東南海防誠有

如
執事之所慮者然考之夷狄之患自古有
之不過沿邊侵掠而已未有如近日達虜
從古北口徑入潞河直侵畿甸至壓
廊廟之憂此我
朝百餘年所未有之寇其患不亦棘乎海寇
之患亦自古有之但不過沿海摽掠而已
未有如近日倭賊自陸路徑趨溫台焚掠
居民赤地千里震動閩浙之間此我

朝以來所未有之事其勢不亦徂微矣乎二者之患在安不忘危之計固所當預備而況剝床切近之災尚可為泄泄之圖哉求之於古以漢之待匈奴者言之如劉賈班晁諸臣建議於當時者亦云詳矣但國是靡定卒無歸一之論惟我

成祖之北征也三犁虜廷深入不毛至望南斗而始旋誠足以發舒華夏之氣而震驚氈裘之心矣何今之獨不然哉蓋我

成祖身經百戰之餘謀臣勇將又皆虎賁之選
故能乘勝席卷而遺孽屏迹也今承平日
久人不知兵將冑豢養謀勇俱困宜平胡
之蹟未聞也且薊州聯屬夷壤而朶顏諸
部詭情叵測誠有所當慮者是故增要害
之戍以壯團衛則太寧東勝之戍宜復也
據要害以設關禁因形勝以修墩臺內拱
都城外護
陵寢如丘文莊之說可乎築交界之堡以固兩

鎮則宣大之犄角河套之控扼宜先也不然議阻河為固東連大同西接寧夏如李文正之議可乎舉併守之策以專權力則洪武閫帥之設猶舊也不然陳定酋長固封守六事如李兵侍之論可乎至於車戰之法衛青以武剛當匈奴之百萬馬隆以偏箱制驕橫之醜虜車非不可用也但得其人則可資為用非其人則適以為累也故成安君不用李左車之言而泜水之戰

隨敗房琯用牛車之制而斜濤之兵莫返
車可用而亦不可恃有如此者
執事以爲睹幾察形望之以弘畧之陳也
愚蓋有說焉去秋虜騎入侵賴我
皇上大奮天威而喙息遠遁又且卒罷開市誠
萬世之長策也繼是爲善後之圖則惟在
於要害之地尤加之意焉夫九邊之要害
莫如薊州而其单弱亦莫如薊州之甚此
門庭之患也茲以廷臣建議專置總督重

臣經營薊州而又修建城堡置爲十區設叅將以守之誠是也然亦不可不講求長策而爲畫一之守焉嘗聞之朶顔諸部世受

國恩乃復外通北虜内釀邊患者以其叛無所懲而威不能制耳不一大懲創禍無巳也但當諭以禍福示以恩威於其叛者而按治之於其順者而厚撫之則恩威並著彼亦不敢肆然而爲非也是朶顔非所憂

也達虜跳梁習以爲常者以其來無所阻去無所懲耳不一大懲創禍未已也但當於其來也據要害以伺其間而抄畧及其去也乘懈散以投其隙而要截之則首尾牽制彼亦不敢肆然而長驅也是達虜非所憂也至於客兵之調頻煩往返其害尤大蓋其利害不切於身則戰必不力糧餉不飽其欲則卒不用命令以有限之財而供此不力戰之士推輓之財已倍於主

兵之所給宜其財之日耗也以此給客兵
孰若卽以此恤主兵乎昔秦趙各以千里
之地信臣重卒猶能却强胡於千里之外
今以天下全力而猶待調兵殊失之解也
信能於此數者變通以行之相時而應之
則虜見我有不可犯之形將自絕其覬覦
之私萬一敢於匪茹則吾之料理既定奇
正變化自足以制之何虜患之足慮乎以
宋之爲海防者言之若眞吳胡李諸臣建

議於當時者亦云備矣但宋事日非卒無
躬行之實惟我
太祖之入閩也命湯和南征徙島民而內實郡
縣誠足以昭九有之有截而示無敵於天
下矣今何獨不然哉蓋我
太祖運屬維新之會人思息肩且惕於震疊之
威故能上恬下熙而奸宄斂迹也今則法
久弊生人情玩愒乘時射利引寇入室安
得清溟海之波乎夫日本諸夷出入澳嶼

朝浙暮粵信夙遷徙誠有如
執事所慮者是故稽五籍則兵力振然督
瞭罔效每玩愒以僨事不然聯比其居什
伍其人如成周士師之職可乎杜剖尅則
軍氣實然防禦寡謀每擒獲之無功不然
專久任以責其成如郭進之守山西可乎
嚴接濟則生計卻然浦藪之萃又匪特囷
窮之迫已也其聚也有所歸固有陽為掩
捕而陰匿其賄者矣不然戶為盜而累其

村戶被盜而累其將如新鄭與義營之法可
乎若夫舟戰之法漢武開昆明以習戰始
建樓船曹操會孫劉於江夏始盛水戰舟
非不可用也但得其人則可用非其人則
適以為敗也故楚之敗吳也長城之戰無
遺力公瑾之敗操也赤壁之役幾不免舟
可用而亦不可用恃又有如此者
執事以為酌時握機欲有長策之建也愚
葢有說焉今秋倭賊橫行既飽其欲而歸

又且商舶議寢誠一時之訏謨也繼是為求終之道則惟在於專理之責加之意焉夫海寇接連閩越事屬兩省彼此不相策應利害各徇其私此秦越之視也邇以廷臣建議復設巡視大臣而又設二叅將各守信地以專防禦誠是也然亦不可不斟酌其宜以定防禦之計焉嘗詢之賊非閩中之舟不能載也而福寧之人因為市賣以規厚利是授之以利器也獨不可嚴其

禁令乎虜非著土之人不能為之先而漳州之人卒多投獻為之鄉導是教猱升木也獨不可誅其黨與乎至於懸賞之格未定尤為失計蓋驅之利則民願效死力賞之厚則戰陣有勇夫今以召募之兵而但日給工食之需及戰陣之賞乃不逮西北之十一宜其戰之不力也是雖難同於西北獨不可量行於東南乎昔秦孝公以一隅之國徙木立信猶能以成一時富強之

業今欲攻海寇而可無厚賞未見其得計也能於此數者講畫而處之量力而行之則寇知吾有不可乘之隙自潛消其窺伺之念萬一乘時竊發則吾之經畫既預縱橫闔闢自足以制之何海寇之足患乎雖然人皆以西北之虜大故詳於邊以東南之寇小故畧於海此非也蓋

朝廷腹心也邊海手足也一處受傷則均之為瘰痾也何有緩急之殊況東南財賦之

地所謂陸海也頻年受寇財力日消夫民者邦之本也財者民之心也其心傷則其本蹶履霜堅氷之戒不可貴未然之防也安得以爲小而忽之哉故邊患固所當急而海防亦不可後一得之愚如此不識果達時宜乎否

論

戰陣無勇非孝何如

李振

馬上中五箭
步下中四箭

君子者孝以基勇勇以全孝事若背而道則相成者也夫敬身以成孝致身以成勇事固有難於得兼者茍有見於體受全歸之理而所以為身謀者靡不周及值乎危機之伏而寔關於倫理者迺却焉以止罔肯殫力為之將以稱曰成吾孝云爾嗟乎此執其小而未睹乎大者也曾是以為孝乎事變之至無常形而裁制之宜有

定理取舍從違之間權諸義焉爾義在居常固敬身也義在臨危亦敬身也可夷可險可順可逆可存可亡隨其所遇而惟義是比焉者也故析義愈精則敬身愈密爲勇益堅則其孝益大噫茲所謂事若背而道則相成者乎戰陣無勇非孝曾子廣孝之言也嘗觀曾子論孝詳矣其曰置之而塞乎天地溥之而橫乎四海而又曰全生全歸爲孝不虧體辱身爲全夫以塞天地橫四海而不出乎全生全歸之間則夫善事親

者惟能全其親之遺體而無毀傷焉斯可矣彼戰陣危事也策之乎呼吸之際而得失之計所由分角之乎遠近之處而生死之地所由判孰謂孝子而可以先父母之遺體行殆乎哉吁不然也子之於親形禪而氣續者也天之賦於人子之受於親也有耳目口鼻四肢之體則必有仁義禮智之性是故全性體而生之則必全性體而歸之不虧其體以全體也不辱其身以全性也故性全則體全而後謂之成身體全而性

未全者未可語成身之道也君子者自一出言一舉足之微以至於瀰天下動天地之大自明發不寐之日以至於著存不忘之時自尊仁安義之勞以至於博施備物之功由養至敬由安至卒由孩提知愛至終身之慕保之于時持之而無失凡以敬其身而已然而孰非孝道之克積哉故語其居處則莊矣事君則忠矣朋友則信蒞官則敬矣所遭之事雖異而敬身則同敬身之跡雖異而成親則同猶未也則雖值金革

之變而處乎戰陣之間吾知其敬身之學必不
息也自今觀之兵之道莫大於棘難戡亂輔德
衛民衛敵入于赳交兵之仇大夫切多壘之恥
當其棘難則然提戈靖君側之憸被髮就同室
之誼當其戡亂則然請纓遘依乘之會宣力急
經營之忠當其輔德則然弔民援水火之包救
世解倒懸之虐當其衛民則然誠有見乎君親
之義不可諼天地之紀不可潰而生民之命不
可賊根諸人心之正出於秉彝之良而自不容

已者是故毅氣之所發英聲之所被壘障行列
不戒而肅卒兩車乘不飭而堅鳥俟會敵不厲
而作無上於天無下於地無敵於前無生於後
其勇有如此者故以之折衝禦侮而張皇之功
以宣以之定謀銷萌而震疊之威以著則其所
以成親者不已至乎而亦豈因之乎戰陣也而
必作而致之蓋其根性之德既不假於外求而
敬身之學無間可容息雖造次之時細瑣之行
且不敢忽焉而況凶器危事非惟一身之安危

所關而國家之威靈基勢將於此乎繫也而君子肯苟焉乎哉夫語乎戰陣之間而無不然則君子之敬身益密而其孝益純彼聞金而不怒聞鼓而不喜登不爲先赴不爲爭乃至喪師失衆者適足以叢咎于身速戾于親而傷本之譏辱身之誚且不免矣安得爲孝哉嘗執是以求古之人勇有三一者完軀以爲勞二者制勝以爲功三者正義以爲律夫力騰步踔巧技是競橫行卒遇而人不敢窺此非完軀者乎猶之曰

小孝爾堅瑕疾徐之變寄諸目前批亢擣虛隨意出入足以挫衝鋒而走勍敵則能制勝矣其諸中孝乎而靜以幽正以治能彰能微知柔知剛樂而不憂深而不疑則非王師不能斯之謂大孝也故李公佐楊延昭之徒能世其業以靖東海而寧北塞完軀者也李愬陸抗克光先烈擒蔡破肇著峻烈于當時制勝者也於鴟鴞而見周公之達孝於玁狁而徵張仲之孝友正義者也至於武王一着戎衣而不失天下之顯名

孔子戰克祭受福而夾谷之會張弛備焉則大
聖人之孝也然豈有加於性哉亦惟全其所性
之德逢源而取之至足爾何也孝也勇也合而
言之性也性一而已隨所發而異名焉而其真
切至要則自事親始故曰孝為百行之原一孝
立而衆善從之勇特孝中之一善耳若夫事有
所難兼勢有所不可全則莫不有輕重緩急之
宜存乎其中是則所謂義也義非出於孝勇之
外即其所安焉者是也故義之所在則棄城以

全毋三戰而三北後之捐軀報主挺身直刃者
雖有勇怯之不同要之無所虧於性而皆以成
其孝焉爾後世析義不精取舍維眩趙苞王陽
不善處乎君親之間君子至今病之而李陵之
僨軍降虜戕及於親而遷史乃盛言陵之事親
孝其亦不聞曾子之言也雖然曾子豈徒言之
蓋其隨事精察真積力久始諸出言舉足之不
敢忘而終於啓手啓足之全所歸究其用力之
要則臨深履薄之念終始之也故事親若曾子

可也。

# 福建武舉鄉錄後序

嘉靖壬子十月福建武舉鄉
試先期遠近應試者四百七
十人中式者三十三人
侍御臨川曾公實監試事懸鑑
旣精百度惟肅
清戎侍御宣城沈公實贊協之

得人之盛與文科並稱焉旣
竣事錄成命璋叙諸末簡叙
曰
國家推能任事求賢設科文科
以待文士武科以待將才然
而今日之事寔未有如將才
之難何也

國家熙洽之運垂二百年皃鷖
既醉之俗既成而天下不復
知有兵革之事棫樸之化日
以深長而豪俊異常之才皆
相率以歸於文科蓋上之所
以立教所以用人未嘗專於
重文而俗尚所趨不能亟反

亦其勢然也三代盛時王教休明文事武備之臣濟濟咸備干城腹心鷹揚燮伐之士咸出而用以彰國家興隆之運迨其成也銘之旂常紀之史書河山帶礪而未足以明其奕世之耿光此非獨其運

數之隆毓生全才以爲世用
亦聖人教養之至文武之學
未嘗少偏有以預肄而習成
之也王教漸凌事殊古昔上
之所以教士者分文武為二
途而無資兹用之意不聞下
之所以自淑其身者鄙武事

而不為而聲容禮樂循習以
爲美觀天下無事中外乂寧
熙然方有太和雍豫之風而
不知安恬自適久而相忘苞
桑至計有識者所深憂焉昔
者周官之教先鄉三物以養
成人才於黨庠遂序之間有

德行則書之有藝術則書之
騎御較獵則有弧矢之事鼙
鼓則有上下之節行伍則有
擊刺之容蒐苗獮狩振旅茇
舍則有治兵簡閱之法伍刃
軍師追胥巡行則有在公之
役皆藝之至大而遂正之所

必書以告於司徒進於司馬
藏於天府以待後日之論官
也其養之於平居已不偏於
浮士文華之習講之素明行
之素定而一旦論才以當鈇
鉞之用其何所往而不効哉
今閑學之士抱藝而來也非

詔祿之世官即凡民之秀異
其涵濡於
聖人之澤脩文事而明武備既有
年矣其彙進而舉之於鄉也
非徒舉之將藏之
天朝而司馬之所論官也將投之
分閫之寄而責之天下至難

之事又望之旃常史書之名
文士所不能爲也其蒞事而
効能非取辦於倉卒爲一時
嘗試之計將舉其平生之所
預養裕如而有待有本而時
出之也方今西北窮虜遠肆
跳梁邊圉多事調度轉般闕

浙廣南之間刀斗時聞潢池
未靖天下皆知西北之可虞
而不知東南之不可忼
皇上聖智先物垂神武功唯茲東
南之事用俾保釐于重臣唯
大中丞慶遠張公振武于贛南
唯

大中丞太倉王公建臺于浙右
統蒞閩粵用便機宜為東南
下民捍患斂福至渥也夫古
之君子椓兔罝而匹公侯歌
伐檀而耻素飡蓋所以淬礪
其心神磨礱其志行以應上
人之求無一日而忘諸懷也

爾二三子況茲已試者乎是
當有抵掌之士乘時而出鳴
劍伊吾之北蚤有建立報二
百年涵濡之
恩又以報主司無負今日之舉也
福建等處提刑按察司副使
馮璋謹序

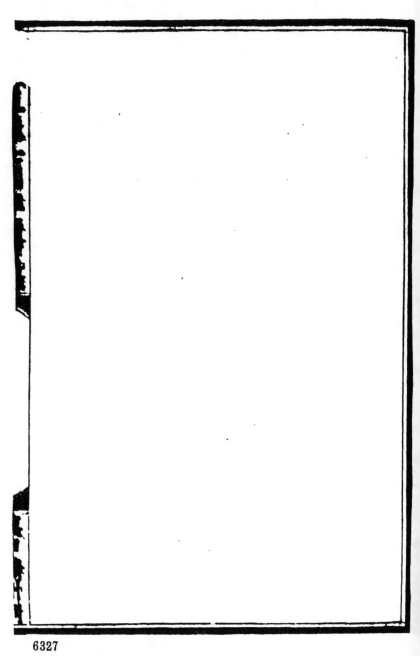

志未有列今特序諸首以
龍飛之地觀化所先也
一便覽有分縣者於鄉試則宜令聯府屬惟以齒
為序而州邑錯綜焉無方齒之義也
一登科錄有重慶具慶嚴侍慈侍永感字樣而齒
錄遺之過其境入其門必有俟於咨詢非便也
茲錄仍照初慶增入京秩三年例得
貤封者書之間有考究未真姑闕以俟若變文則
別以起復二字其休戚相關之意乎
一各經必系幾房俾一開卷即知其為某之同

也

一經房座主十七位總列於端紀其永歸與其邑里以示不忘首易次書次詩次春秋次禮記尊經之序也

一試政即服官之始出入省署或一歲或再歲有之其義實重而其聚亦樂也故備書之惟選館者不重錄

一上科中式余科

廷試者六人不注其經房惟注某年會試

一本年未經

廷試者三人今皆增入仍注某年某甲

一茲錄注某甲不注三試名數惟第一名書之俾
觀者知某某為某榜人

一復姓者三人四川戴叔宣今復姓蘇松江蔡正
夫今復姓華山東楊道行今復姓王易名者四
人蘇州徐濟卿名君楫易仲楫浙江姜宗孝名
雲鴻易子羔山東劉公蘊名効天易廓江西侯
思謙名景初易有功內宗孝初籍仁和尋改餘
姚緣會試錄久已須布登科錄時即進
呈中有未及改者故特系之端俾觀者得以考其

同異如仁和金文宿從母姓也其先姓楊未經

奏復姑照舊錄書之

一蕴錄刻於庚申之秋官秩一以今職為定虛其

餘以俟之子姓亦然

右凡例十有三條非敢以義起也珊己未

冬之蜀展墓由關洛赴部聽調每過吾同

年里廬必一訪焉因知齒錄必如是為便

昨叨補南闈會仲含周子適有延年之

命屬珊重校將再刻於閩以聞諸君鮮有不

樂其成者過廣陵魏子汝高欲刻於揚過

吾門柳子孟卿欲刻於吳顧草創未定皆
不果西水武林亭步之間先後會金子文
宿凌子子中歸子懋庸曹子萬甫陳子汝
星姚子繼文詢謀僉同而茲錄始就過衢
州以質於楊子汝則且告之故楊子曰是
獨可以累吾儕含哉遂入梓是歲秋杪哉
生明銅仁陳珊謹識

皇帝制曰朕聞后克艱厥
后臣克艱厥臣者是
上下之職均有甚不
易之理昏才之主亦
多此之上者曷自不
勉諸耶朕彖

皇考

皇妣近澤所鍾丕荷

上天明命簡畀后職勉法

祖宗敬

天愛民由胞及與未嘗敢

忽何為臣者無克艱

之思每懷欺於謗甚
至匈沙漠以為骨肉
但逞劫主之逆不顧
胞與之害此其至大
者他皆可例焉君逸
臣勞都能言諸口心

身力行甚少先行其言之聖訓視作空言矣爾多士身未居於位而心志正在明白地聞見久矣必有不易之論宜直列于篇

以對

嘉靖三十二年三月十五日

賜進士題名記

光祿大夫柱國少保兼太子太傅禮部尚書武

英殿大學士臣徐階奉

勅撰

朝列大夫山東布政使司右參議臣王槐奉

勅書并篆額

我

皇上御極之三十二年癸丑春三月辛卯

親製策問試士扵廷越三日甲午

賜陳謹等四百三人及第出身有差

命工部立石題名太學而
命臣為記謹按嘉靖二年癸未士之登科者四百
十人今復十開科而其數乃復踰多士之遭逢
其可謂至幸矣然臣聞之人君之取士莫不欲
得才焉以資其輔理之功士之脩于家亦莫不
欲得時焉以行其所學二者蓋相須甚殷也自
三代以降取士之科日繁而進士一科尤世所
貴重乃其得才之效顧亦有幾於古昔論者遂
謂科目不足得人相與慨想夫咨詢夢卜鄉舉
里選之制而有君無臣往往以為憾則豈非為

士者之咎與仰惟
皇上受命中興任賢保民宵旰匪懈其在吏化之初
蒐剔姦蠹導宜惠澤百司庶職咸欲得人則博
取群材以備任使若於未是也至於適年水旱
間作邊警時聞此在堯舜之世所不能無而
聖心惻然厪儆予之念嚴猾夏之防凡安攘大政脩
舉已無遺策又思旁羅俊髦與之共治則是科
是也然則多士仰承
德意而因以行其所學者宜何如哉臣愚伏讀
制策發明君臣克艱之義而教多士以力行者至

矣誠能服膺
聖訓常無失心志之明尚義而遠利秉公而黜私官
問計崇卑必求其稱事同擇難易必竭其力用
佐我
國家太平之業埀之億萬年使後之觀于題名者
仰企我
皇上是科得才之盛而多士亦有無疆之聞豈不休
哉臣昔在癸未誤蒙
聖恩賜之及第薦荷拔擢以至今官而是科又獲廁
校文讀卷之外自惟淺薄無能報塞隆遇然漸

濡
聖化視多士實親且久所以求盡夫克艱之責者頗
與多士共勉焉故於會試旣序以勗之而申告
之於此嗚呼多士其念之哉

嘉靖三十三年三月十五日

會試錄序

嘉靖三十二年復當會試天下士禮部尚書臣

德右侍郎臣如霖以

聞于時左侍郎臣陛

遣祀祭天未還而臣如霖有

二王之婚禮廼正月乙巳

詔以吏部左侍郎臣文德知貢舉二月癸丑

詔臣暨學士臣銑司校文仰惟

皇上取賢欽才與圖治理每三歲一開科作興脩飭

視庶政特重若茲舉也臣自

上左右臣文德自銓曽以奉
命從事於場屋
德意所嚮重益有加矣臣謭薄不稱
任使獨念人臣之義莫大乎以人事君臣幸受知
聖明眷遇拔擢
恩同天地身無能為報如竭其心力得士焉可以備
他日亮工熙載之用庶幾仰酬
鴻造於萬一遂不敢避遜而以甲寅偕臣文德同考
試官脩撰臣元立編脩臣份臣景淳臣春臣思
謙臣鏜猻臣居正臣杰檢討臣世芳臣爊臣大

詔都給事中臣良翰左給事中臣思静臣登之
郎中臣戴鳴臣應魁主事臣鏘監試官御史臣
南金臣炳然及諸執事
陛辭入院丙辰巳未壬戌合士之前後貢於有司
者四千四百有竒如故事三試之癸酉遵
聖斷取四百人梓其姓名與其文二十篇彙為兹録
將以甲戌之旦獻諸
闕下始臣在館局嘗購往時所謂舉業之文觀之
大抵宣德以前其詞簡而質弘治以前其詞雅
而暢至正德間其詞蔚以昌矣然厭棄師說而

流於詭僻驚於恠奇者亦間有之乃今閱多士
所為文率能裁抒所自得而實未嘗違背經傳
及逸而出於繩墨蓋我
皇上繼
天立極遹隆
君師
敬一之箴
五箴之註士相與講誦服習已非一時久道化成理
固然也臣自甲子迄於辛未屢為之撫卷嘉歎
以為人才之盛如此凡亮工熙載之用皆將於

是乎取之而不窮竊深自慶焉既而思曰多士之爛然在臣目者文也其亮工熙載卓然著於用世者行與業也自進士之科立士豈無聲實相副如唐宋景張九齡裴度陸贄宋李沆王旦韓琦范仲淹司馬光歐陽脩諸人者乎抑其無静言庸違文有可觀而人無足稱者乎使多士能為文能以行業著於用世臣則可自慶矣不然是臣欲藉以報

主不可得也於是又竊有深懼焉謹因錄成恭述

德意而併及臣將

命之心以示多士書有之萬邦黎獻共惟帝臣夫
聖人在上固黎獻所願出而有為之時也矧夫豫教
素養於學校而又設科以求之若是其重者耶
多士有感於曠世之遭
作人之澤則夫交相戒勖以期光賛
聖治而因以釋主司之懼者殆弗容已矣臣不佞方
日望之
榮祿大夫少保兼太子太保禮部尚書東閣大
學士徐階謹序
翁學子升號少湖一號存齋直隸華亭縣人
癸未一甲三名令進少傅武英殿大學士

會試錄後序

嘉靖癸丑春二月癸酉會試事竣次其中式之
士名第若文為録成大學士臣階既敘諸首簡
臣銑猷附一言于後以告夫多士臣聞賢才之
生關乎氣運昔舜有天下選于衆得臣五人焉
迨周則數倍之非周之才為能過之也蓋聖人
在位久道化成而光嶽精靈之氣至是鍾於人
者為多矣我
皇上誕膺
天命

君師天下自
臨御以迄于今開科取士凡十一舉矣若今百辟
卿士暨于有位孰非
聖化所造而進之者乎臣以為今之所進又非昔比
矣
國家樹人如種植然種木者求用於十年之後栽培
已至況今歷年既多又從而長茂之者乎宜乎
人才若是其衆多也然人有恒言天畀人以才
豈使自有餘而已是故古之賢士奮庸戒勉必
曰時亮天工示不敢私也雖上之人操其柄以

進天下之士亦曰與之共天職爾由是觀之用
人者非私於其人為人用者非私於其用而舉
人者亦非私於其舉皆所以奉天命也是故唐
虞三代相與彌成駿明之業豈非達於此乎夫
古之人所以貴其才也若此聖人闡明之以經
萬世將使天下後世之人自得之以盡其才而
適於用也後世世明經之士不此之務顧規規於
佔畢詞章之習文則似矣而生於其心者微也
及見諸事功視古之人相遠焉為是其制不同
與非惑邪夫先主取士之制不過欲得其才而

用之爾士之自待則不在是矧古今之材生也不殊爾多士今遭遇

聖人在上敬一作人積久而盛寧無作於其類如昔之名賢者乎苟無乎爾則天下

國家奚賴焉雖然臣敢謂果無其人乎即得一二人焉出於其間豈惟是徵

昭代亨嘉之運文明之化而

宗社無疆之休亦永有攸毘矣臣不佞竊有望於多士爾多士進于有司譬諸匠氏之圍群材並蓄

棟梁榱桷之適其宜毋亦不棄其材而克勝其

用則有司以人事

君之責庶幾其少塞矣爾多士尚慎勗之哉

翰林院侍講學士奉訓大夫敖銑謹序

翁字純之號夢坡江西高安縣人乙未進士太常寺卿掌國子監祭酒

附録

知貢舉二位

南野歐陽翁名德字崇一江西泰和縣人癸未進士禮部尚書兼學士

松谿程翁名文德字舜敷浙江永康縣人己丑一甲二名吏部左侍郎兼學士

癸丑同年序齒錄引

凡縉紳之序以官獨其舉進士同年者序乃以齒以始進之同有兄弟之義也雖然兄弟者相與同休戚榮辱者也使於善也不能相勸以成其名過也不能相規以免於咎容得為休戚榮辱同乎故予嘗

以為同舉進士者長善救失期於
有所建立以無負
聖明之求斯誠兄弟也如徒貌之恭言
之遜飲食相徵召士宦相援引而
無所裨於行業以是為兄弟末也
矧以能相忌以私相附和者耶嘉
靖癸丑士之同以進士舉者四百

三人循故事為序齒錄予僭有一日之長為引諸簡端嗚呼有能明於兄弟之義者可與語事君矣

賜進士及第光祿大夫柱國少保兼
太子太保禮部尚書東閣大學士知
制誥華亭徐階書

# 癸丑科五經座主姓氏

易一房

張西吳先生

名春字仁伯江西新喻縣人辛未十月廿五日生甲午鄉試丁未榜眼任編脩今陞侍讀

易二房

亢水陽先生

名思謙字子益山西臨汾縣人乙亥十月十五日生甲午鮮元丁未進士由翰林院庶吉士任編脩陞河南提學副使

易三房

胡翎西先生

名杰字子文江西豐城縣人壬午十一月初九日生丙午鮮元丁未進士由翰林院庶吉士任編脩今陞侍讀

易四房

楊武東先生

名戴鳴字盧卿江西泰和縣人甲戌十二月廿三日生丁酉鄉試戊戌進士原任吏部考功司郎中今陞福建參政

書一房

# 全九山先生

名元立字汝德浙江鄞縣人戊午閏十一月三十日生乙酉鄉試乙未進士由翰林院庶吉士任脩撰今陞南太常寺卿

書二房

# 董潯陽先生

名份字用均浙江歸安縣人庚午八月廿六日生丁酉鄉試辛丑進士由翰林院庶吉士任編脩今陞禮部侍郎兼學士

書三房

# 張復菴先生

名思静字伯安陝西同州人戊寅正月十二日生癸卯鄉試丁未進士由翰林院庶吉士任刑科左給事中陞四川參政

書四房

# 陳梅山先生

名應魁字象元福建莆田縣人庚辰正月初二日生丁酉鄉試戊戌進士任工部虞衡司郎中陞浙江副使

詩一房

# 瞿昆湖先生

名景淳字思道直隸常熟縣人丁卯五月廿七日生癸卯鄉試甲辰會元榜眼任翰林院編脩今陞諭德

詩二房
# 孫淳齋先生
名世芳字克承萬全都司人辛未九月初八日生辛卯鄉試丁未進士由翰林院庶吉士任檢討

詩三房
# 朱文石先生
名大韶字象玄直隸華亭縣人丁丑十月初十日生癸卯鄉試丁未進士由翰林院庶吉士任檢討陞南京國子監司業

詩四房
# 姜韋軒先生
名良翰字希召浙江金華人甲子十二月廿二日生戊午解元甲辰進士任刑科都給事中今陞廣西右布政

詩五房
# 謝泰東先生
名登之字汝學湖廣巴陵縣人己卯八月初六日生庚午解元丁未進士由翰林院庶吉士任工科左給事中陞吏科都給事中

春秋一房
# 林對山先生
名燫字貞恒福建閩縣人甲申二月十五日生丙午鄉試丁未進士由翰林院庶吉士任檢討陞脩撰

畢松坡先生

名鏘字廷鳴直隸石埭縣人丁丑五月初五日生癸卯鄉試甲辰進士原任刑部主事陞廣西參政

汪遠峰先生

名鏜猻字振宗浙江鄞縣人壬申二月初五日生甲午鄉試丁未進士由翰林院庶吉士任編脩今陞侍讀

張太嶽先生

名居正字伯端湖廣荊州衛人乙酉五月初三日生庚子鄉試丁未進士由翰林院庶吉士任編脩今陞國子監司業

# 嘉靖癸丑科進士同年便覧録總目

北直隸五十一人 原目五十三人今以錦衣衛一人仍屬浙江德州衛一人仍屬山東

南直隸六十二人 原目六十一人今增入溧陽朱亥甫

浙江省五十一人 原目五十人今以餘姚孫文和仍隸本省

江西省三十六人

福建省四十一人

湖廣省三十五人 原目三十四人今增入潛江胡畏卿

四川省二十四人 原目二十三人今增入茂州周德脩

山東省二十六人 原目二十五人今查德州衛二人吳德欽既附山東則曾萬南俱當隸本省之下

山西省二十二人

陝西省一十九人
河南省二十人
廣東省九人
廣西省五人
雲南省三人
貴州省二人
共四百六人

# 北直隸共五十一人

順天府
屬廿八

## 苑園

公甫號沱溪直隸寶坻人乙亥九月廿一日生
庚午鄉試會書二房三甲觀刑部政直隸鳳陽
祖禮 府推官陞南戶主事刑員外郎中
父章 封主事
母吳氏 封太安人
第四生員園 娶彭氏 封安人 子以茂以蕃以奉
具慶下 以芳以芝

## 光緒

汝承號三渠錦衣衛旗籍直隸無錫人丙午正
月初六日生甲午鄉試會書四房三甲觀兵部
祖能 政湖廣鍾祥知縣陞廣西思恩府同知止
父曙 錦衣百戶
母陳氏
生母陸氏 兄綬 弟紳 淮 會州衛指揮同知 潮 娶李氏
永感下 子

# 江北

拱北　號九川　順天府霸州籍　江西鉛山人　丁丑
十月廿一日生　丁酉鄉試　會書三房　三甲　觀戶
部政　河南洛陽知縣　選南道

祖源
父謙　訓導
前母田氏　李
氏　母王氏
慈侍下

兄西　東　知縣　南　訓導
娶王氏　繼娶金氏
子鱗

# 沈琁

邦重　號鶩山　武功左衛籍　浙江德清人　戊寅三
月廿二日生　丁酉鄉試　會詩一房　三甲　觀戶部
政　山西夏縣知縣　陞兵主事　卒

祖銓
父謚
母趙氏
永感下

娶王氏
子涵　潛

## 杜鵬翔

雲川號南谷順天府霸州人戊寅八月廿九日
生甲午鄉試會書二房三甲觀都察院政起復
授戶主事陞郎中山東僉事

祖清 歲貢
父銘 贈主事
母劉氏 贈太安人
慈侍下

兄延齡 鵬舉 縣丞 鵬遠 娶王氏 繼娶田
氏 子芡 生員 芫華

## 楊君璽

廷信號南溪彭城衛籍山東文登人己卯十二
月初三日生丙午鄉試會詩五房三甲觀工部
政山西臨汾知縣陞戶主事

祖達
父鸞
母韓氏 繼
母馮氏 孫氏
具慶下

弟君璧 娶徐氏 繼娶方氏 王氏
子從詩從書從禮從樂

穆寧中
允執 鄉年津府軍前衛籍直隸山海衛人庚辰
十月廿九日生巳酉鄉試會易二房三甲觀工
祖清 部政陝西三原知縣陞戶主事
父謙
前母郭氏 后
氏 母劉氏 弟懋 娶劉氏 子介仕介佐
繼母趙氏慈侍下

李璉
從商鄉鳳岩順天府遵化人辛巳正月廿五日
生庚子鄉試會易四房三甲觀吏部政直隸霍
祖全 丘知縣選戶科
父文寓 義官
母郭氏
繼母彭氏 兄璋湖廣舉生 弟班 娶王氏 子嗣業
慈侍下

郭文輔

共臣號謙菴金吾左衛匠籍山西陽曲人辛巳
二月十三日生己酉鄉試會易三房三甲觀工
部政行人起復選道

祖智封奉直大夫
父俊運司副使
母張氏封宜人
具慶下
弟文慶文衡文壽文和文憕　娶范氏
子吉相

何棨

信卿號麓泉順天府涿州人辛巳十月廿五日
生癸卯鄉試會詩一房三甲觀戶部政山西太
原府推官陞户主事

祖仲良
父溥
母謝氏
慈侍下
兄相橋　弟藥生員　娶呂氏　子三省

## 張問行

惟誠 號蒲川 直隸定邊衛籍 山西蒲州人 癸未三月廿五日生 丙午鄉試 會詩三房 二甲 觀戶部政 戶主事

祖玘

父清

母李氏

具慶下

兄儒 問明 娶李氏 子

## 殷仁

靜夫 號體山 龍驤衛官籍 順天府懷柔人 癸未五月十一日生 己酉鄉試 會易三房 三甲 觀通政司政 山東滕縣知縣 陞西安府同知 戶員外 山西僉事

祖志 副千戶

父輅 副千戶 封武畧將軍

母崔氏 封宜人

慈侍下

兄禮 甲辰武舉 見任大寧都司 娶陳氏 子

# 張大化

原德號春野順天府宛平人癸未七月廿四日

生壬子鄉試會書四房二甲觀戶部政戶主事

陞員外郎中太平知府

祖林

父祿 贈主事

母潘氏 封太安人

第大禮大治大經大樂大綸　娶高氏 封安人　子

國維國政

慈侍下

# 蕭九成

汝和號儀庭直隸後屯衛籍江西廬陵人癸未

十一月廿九日生壬子鄉試會易一房三甲觀

都察院政行人陞工主事員外

祖銳 通判

父進

母孫氏

第九峯 同科進士 九錫 生員 九思九敘九皋九宮 生員

永感下

娶沈氏　繼娶韓氏　子有得有功

毛鋼

伯鍊 號小山 順天府薊州官籍山西太平人癸未十二月廿七日生壬子鄉試會書四房五甲觀大理政河南汝寧府推官陞兵主事

祖應時 通判

父杲

母史氏

具慶下

弟銓 生員 娶孟氏

子惟熊 惟羆

王汝正

養之 號吉菴 順天府薊州人甲申四月廿五日生壬子鄉試會春秋一房三甲觀吏部政陝西西安府選道

祖義

父鋭

母李氏

具慶下

娶潘氏

子

## 蕭九峰

壽夫號東橋直隸後屯衛籍江西廬陵人甲申六月初六日生壬子鄉試會易四房三甲觀大理政山西臨晉知縣選道

祖銑通判

父選中憲大夫都察院右僉都御史

前母劉氏

母趙氏

慈侍下

兄九成同科進士　弟九錫生員　九思　九叙　九臯　九官

娶劉氏　繼娶劉氏　子一麟

## 梁淮

中行號曾川錦衣籍浙江金華人甲申十月廿六日生壬子鄉試會詩二房三甲觀工部政山東諸城知縣起復補洛陽陞兵主事

祖景輝

父宣

母陳氏

嚴侍下

兄清　弟澄　娶俞氏　子卿

王汝言

祖洪百户
父鑣
母張氏
具慶下

字慎號淇泉武驤衛籍山東濱州人乙酉二月
三十日生己酉鄉試會易四房王甲觀工部政
行人陞户主事
兄淮百户 潮瀛浩漢 弟汝濟 娶馬氏
繼娶倪氏 子文邁

楊綵

祖興
父塘
母王氏
慈侍下

質甫號彬菴虎賁右衛籍江西泰和人己丑三
月十一日生壬午鄉試會詩三房二甲觀都察
院政陝西華州知州起復補 州陞刑員外
兄縉綱紀紳 娶劉氏 子德器

保定府
屬三人

# 魏濟民

子仁號靜山直隸定興人甲申正月十三日生
己酉鄉試會春秋一房壬申觀工部政陝西長
安知縣陞戶主事調其城縣

祖宗武 州吏目
父恒
母張氏
具慶下

兄璟民 弟楙民澤民 俱貢生 娶張氏 子

# 楊文光

誠甫號孚菴直隸安州人戊子三月十八日生
壬午鄉試會詩二房三甲觀禮部政山東濰縣
知縣卒

祖舜卿 兵馬
父瀾 知州
母沈氏

弟文盛 監生 文教文訓 娶于氏 子

重慶下

徐行
之第號光川直隸博野人戊子十二月十九日
生乙酉鄉試會試二房三中觀都察院政山東
祖延璋 省祭
濟南府推官陞兵主事調吏主事在告
父寶 舉人
母劉氏
弟州佗 娶陳氏 子言

重慶下
河間府
屬四人

趙宗軌
字清號西塘直隸滄州人癸酉十二月廿九日
生己酉鄉試會試一房三甲觀吏部政工主事
祖母榮
陞員外郎中山東僉事
父濟 訓導贈主事
母張氏
弟崇轉 娶吳氏封安人 子慎動 慎徽

邊僎

志甫號康谷直隸任丘人丙午六月初六日生

辛卯鄉試會書二房三甲觀都察院政浙江歸安知縣卒

祖鏞南京刑部侍郎

父寧按察司副使

母楊氏封宜人

兄偉運使 億參政 備滄州知州 偕散官 仲中郎 倩長史 佃推官 侊少卿

任 像知縣 侯監生 脩 弟儀 墮俱監生 備 伾俱貢生 伽監生

蘇存

永感下

性甫號燕南直隸任丘人辛巳七月三十日生

庚午鄉試會書二房三甲觀都察院政赴選候

代生貢 娶馮氏 子濩 淮 淑

祖彪 戶主事

父臣

前母張氏

母王氏

弟汝岡 娶李氏 子𠈵秀 鍾秀

重慶下

祖琮 壽官
父道 衛經歷
母劉氏
重慶下

# 李永康

克雍號丁溪直隸滄州千戶所人壬午六月廿
四日生己酉鄉試會詩二房三甲觀都察院政
山東諸城知縣止
弟永立 生員 娶丘氏
子大韶 大濩 大猷

真定府
屬六人

# 胡麟

祖金
父勝
繼母董氏
母高氏
具慶下

伯祥號仁齋直隸藁城人乙亥四月十六日生
癸卯鄉試會詩三房二甲觀戶部政直隸徐州
知州陞南刑員外郎中
兄麒 弟麑 娶李氏
子學孟 學周

沈維渥

貫湖廣襄陽護衛籍江西德化人庚辰二月
□一國子生丙午鄉試會試春秋一房三甲觀大理
政山西聞喜知縣陞工主事卒

祖鑾
父雄敕贈
嫡母高氏
生母宋氏
慈侍下

弟維舜 維屏　娶敖氏　繼娶劉氏張氏
子伯誠 仲謨

吳道直

敬甫號太恒直隸定州人庚辰十月十七日生
己酉鄉試會試第一房三甲觀兵部政行人陞司
副工員外

祖
父森贈
嫡母董氏
慈侍

兄道□ 道□ 道□ 道平 道□ 弟道明 道中
娶劉氏 子堯齡 峯

武金

䑕甫 號節菴 直隸井陘人 辛巳五月初八日生

壬午鄉試 會禮記二房 三甲 觀大理政 山東長清知縣

祖相

父邦衛

母畢氏 旌表節孝

弟鋐 生員 鍊 鎬 生員 鑾 娶呂氏 子詠烈

慈侍下

夏惟純

德卿 號得軒 直隸冀州人 壬午五月初五日生

癸卯鄉試 會詩五房 三甲 觀工部政 戶主事 陞員外郎中 肇昌知府

祖時 前癸丑進士 左布政使

父麟 知縣 封主事

母應氏 贈太安人

嚴侍下

弟惟和 惟勤 生員 惟安 惟一 惟康

娶楊氏 封安人 子紹苗 紹英 紹華 紹蕃

梁夢龍

乾吉號鳴泉直隸真定人丁亥十一月十一日
生壬子鄉試會禮記二房二甲翰林庶吉士改
祖澤 省祭
授兵科歷陞吏科都
父相 歲貢生
前母郝氏 母
崔氏 繼母張氏
弟夢熊 夢弼生員 夢齡生員 娶武氏
重慶下
繼娶馬氏 子恬

順德府
屬三人

王可信

字忠號松巖直隸平鄉人戊寅十二月初五日
生丙午鄉試會易三房三甲觀禮部政江西廬
祖寅 知縣
陵知縣陞戶主事
父崇德 教授
母孫氏
弟可任生員 可倚 可使 可佳 娶吳氏
具慶下
子愛盡 愛棐 愛欽 愛純

## 毛木

仲和號活泉直隸任縣人己卯二月廿九日生

壬午鄉試會書四房二甲觀通政司政戶主事

祖鏓 員外

父淮 生員贈主事

母李氏 封太安人

慈侍下

兄楨 樞 省祭官 娶劉氏封安人 子煥 煒

## 王彥民

字惟號貞宇直隸內丘人丙戌十月十九日生

丙午鄉試會書三房三甲觀吏部政陝西咸寧

知縣起復補上蔡

祖經

父宗周 知縣

母甯氏

慈侍下

兄獻民生員 俊民 秀民生員 弟慧民

娶嚴氏 子與都

廣平府

屬七人

胡應文 字會號敬齋直隸永年人乙亥閏四月二十日

生丙子鄉試會試四房三甲觀工部政山西陽

曲知縣選南道卒

祖安

父琄

母杜氏

弟應薦　娶鄭氏　子楷

具慶下

周京 字依號慎齋直隸永年人丙午十一月十七日

生壬午鄉試會試一房三甲觀吏部政山西路

安府推官起復選南禮科

祖祥

父富

前母張氏

母張氏

弟書　策　晃　娶王氏　繼娶許氏

具慶下

子之翰

# 牛山木

祖紳

父璽

母張氏

字美號北臺直隸曲周人甲申正月廿六日生

己酉鄉試會試一房三甲觀政司政山東萊

陽知縣陞户主事

弟山松山梁山栢山峯山桂　娶方氏

繼娶劉氏　子文炳文煜文燁

# 王宮用

具慶下

祖俊

父隆

母張氏

慈侍

近臣號桃溪直隸成安人甲申九月初九日生

己酉鄉試會禮記二房三甲觀刑部政山西榆

次知縣起復補渭南陞户主事

兄朝用君用生員廷用

娶李氏　子應期應時

## 張學顏

字愚卿號心齋直隸肥鄉人甲申十一月二十日
生己酉鄉試會春秋二房三甲觀禮部政山西
曲沃知縣選工科陞河南僉事

祖恍訓導
父應麒府同知
母宋氏
繼母陶氏
重慶下

兄學尹生員　娶劉氏　子承蔡

## 安謙

汝光號槐林直隸成安人己丑七月初三日生
壬子鄉試會易一房三甲觀兵部政山東樂安
知縣調吳縣陞南戶主事遇嘉靖三十九年二
月南京振武營之變止

祖贊
父繼勳
母常氏
繼母韓氏
重慶下

弟詳　諾　娶史氏　繼娶韓氏　張氏
子若恒

# 楊一鶚

字薦彌 雲衢 直隸曲周人 甲午七月十九日生

壬子鄉試 會詩三房 二甲 觀大理政 南刑主事

陞郎中 調兵郎中 建寧知府

祖澤 大目

父世爵 封理問署郎中

母闞氏 贈太安人

繼母闞氏 封太安人

第一鵬 一鶴 一鳳 娶黃氏 封安人 子

重慶下

# 張待化

大名府屬六人

字魚𡚁 起淇 直隸開州人 乙亥七月初六日生

己酉鄉試 會書三房 三甲 觀禮部政 南京行人

司副 陞戶貞外

祖鑑

父天民 壽官 贈行人司副

母王氏 繼

母張氏 俱贈太孺人

兄待元 娶陳氏 封孺人 子先行 庠貢 中行 同行

徐行 力行

永感下

## 徐大壯

字貞號南川直隸長垣人乙亥八月初十日生
己酉鄉試會春秋一房三甲觀大理政直隸淮
安府推官選南道

祖鸞
父泉
母黃氏
兄諒學生 弟體乾三戒謙俱生員 自新大夏
嚴侍下
娶李氏 繼娶王氏 侯氏 子希庶希擧

## 黃吉

字脩號九岡直隸長垣人丙午十月初十日生
丁酉鄉試會易二房三甲觀禮部政湖廣岳州
府推官卒

祖釗
父誠
母宋氏
兄懋 弟甲 娶毛氏 子廷選廷揚
重慶下

程熟

祖宣仁
父萬殊 知縣
母張氏
具慶下

伯生 號吾潭 直隸開州人 庚辰九月廿八日生
己酉鄉試 會易三房 三甲 觀都察院政 山東章
丘知縣 守制 丙辰 拾遺止
弟熹 生員 照 監生 娶馬氏 子幼康 幼序

李從宜

祖墳 訓導
父體 行人
母陳氏
具慶下

宗贊 號義齋 直隸長垣人 丁亥十二月十四日
生 壬子鄉試 會詩三房 三甲 觀戶部政 山東歷
城知縣 陞戶主事
兄本然 弟從衆 娶尹氏 子制心

## 晁東吳

叔泰號次山直隸開州人壬辰六月初八日生

己酉鄉試會試書一房三甲翰林庶吉士辛

祖德龍 封翰林院檢討

父璪 國子司業

母張氏 贈孺人 繼

母張氏 封孺人

重慶下

兄東周東山 俱生員 弟東郊東魯 生員 東國東都

東楚 娶程氏 子

附遼東二人

## 呼為卿

相之號清泉遼東定遼左衛籍山東黃縣人乙亥五月二十日生癸卯鄉試會試書二房三甲觀

都察院政陝西朝邑知縣陞戶主事止

祖政

父信 壽官

母鮮氏

永感下

兄為臣福禎 娶劉氏 子在嵩在巖在山節

在華

江奎

國祥號錦川遼東衛籍應天府句容人己卯九月初八日生庚午鄉試會易一房三甲觀工部政陝西醴泉知縣起復補山西榆次陞華□州同知

祖鍾
父澄
母唐氏
嚴侍下

兄平栢生員　弟璧室武舉生　娶朱氏　子應科

## 南直隸共六十二人

應天府屬五人

王可大

充簡號少冶南京錦衣鎮撫司籍吳江人乙亥六月三十日生辛卯鄉試會易三房二甲觀戶部政刑主事員外郎中浙江台州知府

祖濶封奉直大夫吏部員外
父鸞加贈奉政大夫吏部郎中
母尹氏加贈太宜人
生母栢氏贈太宜人
永感下

兄可久　弟可立生員　娶朱氏封安人　子元徵生員　肖徵　徽人

# 朱纁

玄甫號芑泉應天府溧陽人丁丑十月廿二日
生癸卯鄉試會詩五房己未三甲中書

祖謙
父傳 〃
母費氏
兄紘 綎 紳 緇 娶宋氏 子萱 元
永感下

# 朱贊

通甫號汲泉直隸丹徒籍江浦人壬午十二月
廿六日生丙午鄉試會書一房三甲觀吏部政
江西永新知縣選道止

祖鸞
父麒
母于氏
兄臣 弟鄉 娶月氏 子思近 思明
具慶下

何汝健
體乾 號龍崖 南京留守左衛 籍無錫人 戊午閏
十月初九日生 己酉鄉試 會試五房二甲 觀都
察院政 山東濮州知州 陞工部員外郎中
祖岳
父卿
前母周氏
母袁氏　弟汝成　汝器　汝元　汝傑
具慶下　娶孫氏　子應甲

胡汝嘉
懋中 號秋宇 南京鷹揚衛人 己丑五月初二日
生 壬午鄉試 會試四房二甲 翰林庶吉士 起復
祖徹　授編脩
父璟　前母陳
氏李氏　嫡母
丁氏 生母熊氏　兄汝庭　弟汝明　汝昇　娶陸氏
具慶下　子宗舜

鳳陽府
屬一人

# 何惟懋

汝一號水南直隸蒙城人甲戌三月初六日生
己酉鄉試會詩二房三甲觀刑部政福建莆田
知縣陞都察院經歷

祖淵 壽官
父遇漢 壽官
前母馮氏
母葛氏
具慶下
弟惟憲 娶吳氏 子若愚 若魯

蘇州府
屬廿二人

# 沈熙載

端揆號玉城直隸崑人人己巳正月初一日生
庚午鄉試會易四房三甲觀刑部政大理評事
陞寺副湖廣僉事聽調

祖寬
父麓 贈評事
母丘氏 贈太孺人
永感下
娶張氏 封孺人 子

## 徐仲楫

濟卿　號巨川　直隸長洲人　壬申閏五月初三日

生　丙午鄉試　會易一房　三甲　觀都察院政　行人

選道

祖昇

父華　封御史

母朱氏　封太孺人

具慶下

兄伯梅　娶湯氏　封孺人　子縣績　縣戴

## 曹灼

用晦　號履齋　直隸太倉州人　壬申九月十六日

生　辛卯鄉試　會禮記一房　三甲　觀兵部政　江西

撫州府推官　陞刑主事

祖彔　封導兵馬

父獻　兵馬指

母王氏　贈孺人

繼母嚴氏

具慶下

兄逵　知府　弟炫　煒　煥　熿　俱生員　焴　焰

烟　煉　燔　娶瞿氏　子志文　志孝

浙甫鄉蒙山直隸常熟人癸酉七月初六日生

# 劉泉

壬午鄉試會試禮記二房三甲觀兵部政浙江嚴

祖煊　州府推官卒

父賓

母沈氏

永感下　弟秉　永　暴　娶潘氏　子宗堯

# 周道光

字孚卿雲川直隸太倉州人癸酉九月十九日

祖路　生庚午鄉試會試易四房二甲觀工部政福建福

寧州知州起復補開州陞泉州府同知

父珮

母顧氏

兄知　弟蹟堯　道隆　娶王氏　繼娶陶氏

具慶下　子東魯　東文

## 凌邦奇

正伯 號少里 直隸崑山人 癸酉十一月廿六日生 癸卯鄉試 會禮記一房 三甲 觀通政司政 福建福州府推官 調郃陽 陞漳州府同知 止

祖亮

父民 前母金氏 母金氏

繼母浦氏

永感下

弟邦彥 娶戈氏 子懋曾 懋顏

## 張書紳

思誠 號兩山 直隸常熟人 乙亥三月十一日生 癸卯鄉試 會詩一房 三甲 觀兵部政 浙江上虞知縣

祖玉

父寧

母任氏

嚴侍下

兄書盤 生員 弟書牖 娶孔氏 子

## 鄒察

明卿 號濂渠 直隸長洲籍常熟人乙亥十一月十四日生丙午鄉試會試一房二甲觀工部政
河南信陽州知州陞工員外

祖鳴鶴
父黔
母李氏
具慶下
娶黃氏 子熙 煒

## 徐師曾

伯魯 號魯菴 直隸吳江人丁丑四月初五日生
丙午鄉試丁未會易二甲翰林庶吉士改授兵
科起復補吏科

祖縉 主簿
父朝 訓科
嫡母王氏
生母凌氏
慈侍下
弟師程 娶陳氏 子詢

# 吳邦楨

字寧號仰峰直隸吳江人丁丑七月初六日生
己酉鄉試會易二房二甲觀都察院政刑主事
陞員外郎中

祖法 南京刑部尚書 贈太子少保
父山 刑部尚書
前母毛氏 加贈太淑人
母劉氏 加封太淑人
慈侍下

兄邦楝 邦寀 俱生監 邦模 南京光祿署丞 弟邦本 當學正術 邦
杰 邦㣿 邦業 俱生監 邦樞 邦榮 邦相 俱自生 邦棪
娶史氏 封安人 子承撫 承休

# 徐爌

明宇號巖泉直隸太倉州人丁丑十二月廿一
日生癸卯鄉試會詩四房三甲觀禮部政湖廣
長沙府推官起復補武昌選道

祖守元
生父奎 母吳
氏 承嗣父槃
母楊氏
具慶下

兄焰 炯 弟烈 煉 爍 熹 應增 監生
應坤 娶吳氏 子鳴國 學生 鳴陽 鳴廷

## 王宇

大猷 號尉臺 直隸崑山人 戊寅五月廿五日生
丁酉鄉試會易四房二甲觀刑部政河南裕州
知州 起復補山西晉州

祖慶 敕諭
父億 冠帶德行生員
母朱氏
具慶下

兄瀛 琨 宅 弟宙 憲 娶田氏 子
之道 之度

## 許從龍

伯雲 號雲峰 直隸崑山人 己卯十二月初十日
生 癸卯鄉試會易二房三甲觀刑部政江西分
宜知縣 選戶科

祖襄 勅授登仕佐郎京所吏目
父志學 同州判官
母錢氏
重慶下

弟起龍 應龍 娶俞氏 子汝愚

祖紳 尚寶少卿 前禮科都給事
父旦
母汝氏
具慶下

# 葉可成

懋學 號文湖 直隸吳江人 庚辰八月廿八日生
己酉鄉試 會書四房 三甲 觀刑部政 浙江山陰
知縣 陞南工主事 降蒲州同知 止
兄可久 可大 叙舉人 觀正術 可守 允醫士
弟可與 可仕 可畏生員 娶盧氏 子重光 重
元 重慶 重華

祖縉
父策 主事
母王氏 太安人
具慶下

# 龐遠

惟明 號劬川 直隸吳江人 庚辰十二月十二日
生 庚子鄉試 會易三房 二甲 觀禮部政 兵主事
起復 補本部 陞員外
兄淳生員 永 久 弟逵 娶鍾氏封安人 子

燕仲義

履道號華山直隸吳縣人辛巳四月十三日生
丙午鄉試會試春秋二房三甲觀兵部政刑主事
祖江 陞員外
父宗貴
母吳氏
具慶下 娶李氏 子國禎 國儁 國瑞

顧曾唯

一貫號魯齋直隸吳江人辛巳十二月十七日
生己酉鄉試會試易一房三甲觀兵部政浙江金
祖綱 七品散官 華知縣選道
父文藻
母周氏
兄曾德 弟曾學 曾約 曾孝 曾弟 曾
慈侍下 可 曾忠 娶朱氏 子而語 而訓 而海

## 張大韶

鳴德號二泉直隸太倉州人壬午正月初五日
生己酉鄉試會詩三房二甲觀兵部政南京二
主事起復補刑主事

祖璧 教諭
父印 監生
母唐氏
具慶下

弟大武 監生 大英 大成 娶凌氏 子

## 歸大道

懋庸號涵泉直隸長洲人癸未三月廿四日生
壬午鄉試會易二房三甲觀吏部政福建泉州
府推官選南吏科陞浙江僉事

祖椿
父倬
母張氏
具慶下

兄大德 弟大中 庠生 大有 大賓 庠生
娶陳氏 子隆祉

## 顧章志

行之 號觀海 直隸太倉籍崑山人 癸未四月十一日生 丙午鄉試 會春秋二房 三甲 觀都察院政 行人 陞司副 刑部員外郎中

祖鑑 封刑科給事中

父濟 刑科給事中

母陸氏 封孺人

慈侍下

兄從 太學生 娶王氏 子紹芳 紹英 紹藝 紹芬

## 戴文奎

玄明 號龍江 直隸崑山人 癸未七月廿八日生 壬午鄉試 會易三房 三甲 觀工部政 山東汶上知縣 止

祖膺祐 經歷

父邦獻 庠生

母龔氏

具慶下

兄文完 弟文璧 娶孫氏 子

## 吳承燾

仁甫 號少泉 直隸吳江人 戊午八月十二日生

乙酉鄉試 庚戌會 易三甲 觀吏部政 福建壽寧

知縣 調崇安 陞禮主事 改吏主事 員外

祖山 刑部尚書

父邦棟 太學生 封主事

母徐氏 封太安人

兄承熙 官生 弟承光 承照 承謙 俱生員 承默

承廉 承撫 承烈 承點

重慶下

娶金氏 封安人 子應期

松江府

屬六人

## 唐自化

伯感 號韋室 直隸華亭人 辛未八月二十日生

癸卯鄉試 會詩五房 三甲 觀禮部政 福建將樂

知縣 選道 調行人司正 陞兵部郎中

祖祚 壽官

父與 生員

母劉氏 繼母

戴氏 錢氏

弟自謙 自古 自立 自守 自脩

永感下

娶楊氏 子本堯 舉人 祖堯 生員 相堯 紹堯

## 俞文榮

國華號見韋直隸上海人壬申八月十六日生
壬午鄉試會詩四房三甲觀都察院政浙江樂
祖藻　清知縣陞刑主事
父裔
母奚氏
繼母金氏　弟文明文儒　娶潘氏　繼娶宋氏　子
慈侍下　鳳梧鳳岡鳳韶

## 龔情

善甫號方川直隸上海人甲戌正月廿七日生
庚午鄉試會詩二房三甲觀吏部政行人選禮
祖爛　科
父詁
母葉氏
兄恒愽恪　弟愷御史　娶曹氏　子大𢒰大
永感下　姪大備大儋

## 屠寬

德宏號兩山直隸上海籍吳江人甲戌二月廿二日生己酉鄉試會詩二房二甲觀禮部政南京兵主事起復補南禮部

祖獻 生員

父源

母戴氏

娶張氏 子懋學懋禮俱生員懋義

具慶下

## 華秉中

正夫號起菊直隸上海人己卯九月十三日生己酉鄉試會詩五房三甲觀禮部政山東東昌府推官選刑科卒

祖昱

父鯨

母潘氏

弟秉道秉良秉才 娶王氏 繼娶朱氏

具慶下 子允執生員允傳允迪允建

唐繼祿

祖欽
父激
母楊氏
慈侍下

字崇𪨆孟瑜直隸上海人辛巳十一月廿八日
生癸卯鄉試會詩四房三甲觀禮部政浙江遂
安知縣選道
兄繼爵　弟繼体　繼傑　娶石氏　子

常州府
屬九人

祝舜齡

祖祺
父歎
母徐氏
永感下

字壽卿號仁齋直隸無錫人己未五月初九日生
癸卯鄉試會書一房三甲觀户部政福建政和
知縣陞南户主事卒
弟培齡　娶夏氏　繼娶華氏
子俊未首　慎

| | |
|---|---|
| 祖鏜南京都察院都事<br>父淮知縣封主事<br>母周氏 | **秦禾**<br>字實號文楠直隸無錫人丁丑四月廿三日生<br>庚子鄉試會書五房三甲觀都察院政浙江武<br>康知縣陞南戶主事員外郎中 |
| 嚴侍下 | 兄釆縣丞 梁通政參議前吏科給事中 弟榮 滐 棨 楠 木俱生員<br>娶葛氏封安人 子炳 燿 |
| 祖江<br>父宗成<br>母陸氏<br>具慶下 | **萬鵬**<br>汝南號唯曾直隸武進人戊寅五月十二日生<br>己酉鄉試會詩五房三甲觀兵部政浙江松陽<br>知縣調新昌辛巳入名宦鄉賢祠<br>娶蔣氏 子邦貞 邦孚 |

# 汪汝達

祖淳 壽官
父時泰
母周氏
慈侍下
娶周氏　子振宗

志行號蒙泉直隸無錫人戊寅七月廿八日生
丙午鄉試會書三房三甲觀吏部政浙江黃岩
知縣陞戶主事

# 楊準

祖伯和
父廷璿 生員贈主事
母李氏
永感下
兄卓選貢阜府同知
娶李氏贈安人繼娶沈氏封安人
子壽嵩　壽嶅　壽嶅　壽崧

汝則號安吾直隸宜興人己卯九月廿四日生
庚午鄉試會詩一房二甲觀工部政戶主事陞
員外郎中衢州知府

趙與治

道陰號小峰直隸江陰人庚辰五月廿七日生
己酉鄉試會書四房二甲觀兵部政山東曹州
知州起復補四川廣安州

祖堪 貢士
父鐘 通判
母徐氏

兄與溥 生員 與澄 生員 弟思智
慈侍下
娶華氏 子

陳甲

會元號定山直隸江陰人壬午十月廿八日生
丙午鄉試會易三房三甲觀户部政山東高密
知縣丙辰拾遺止

祖增 舉人
父萬椿
母貢氏

弟丙 庚 壬 娶蔣氏 子懋德 懋倫
慈侍下
懋經

## 吳可行

子言號後菴直隸武進籍宜興人丁亥十一月十四日生丙午鄉試會易四房五甲翰林庶吉士授檢討

祖禮 封南京戶部主事

父性 尚寶司丞

前母杜氏 加封安人

母段氏 加封太安人

弟中行 尚行 同行 娶陳氏 封孺人

具慶下

子宗敬 宗敏

## 李科

興登號連江直隸江陰人戊午正月初五日生壬午鄉試會書七房三甲觀都察院政行人選禮科

祖文昌 生員

父蘂

前母徐氏

母葉氏

兄和 娶邢氏 子同春 同寅

具慶下

| | | | | | |
|---|---|---|---|---|---|
| 鎮江府 屬三人 | 夏儒 | 汝醇 號海橋 直隸丹徒人 壬申九月十六日生 | 庚子鄉試會禮記二房三甲觀吏部政浙江新 | 縣知縣陞南戶主事 | |
| 祖珍 | 父鸞 | 母徐氏 | 永感下 | 兄偉 仁 弟僎 信 儲 寵 儀 宥 | 瀛 寶 閣 娶嚴氏 子鼎謨 鼎育 鼎功 鼎 |

| | | | | |
|---|---|---|---|---|
| 姜寶 | 廷善 號鳳阿 直隸丹陽人 甲戌八月初九日生 | 丙午鄉試會春秋二房二甲翰林庶吉士起復 | 授編脩陞四川提學僉事 | |
| 祖昕 | 父鎣 | 母孔氏 | 繼母金氏 | 慈侍下 |
| 兄憲 寀歲貢 弟寅 宋俱生員 娶劉氏 | 繼娶賀氏 子士馨 士麃 士慶 士鑾 | | | |

曹大章

一呈號台齋直隸金壇人辛巳六月廿四日生

丙午鄉試會試一名書二房一甲翰林編脩終

祖廣 復補編脩

父邦彥 戶部司務

母蔡氏

慈侍下 娶王氏 子祖見祖聞

史起蟄

揚州府屬二人

德龍號大梅直隸江都人癸卯四月廿三日生

辛卯鄉試會易二房三甲觀吏部政福建松溪

祖元富 知縣陞禮主事卒

父孝友

母孫氏

娶王氏 繼娶陳氏 高氏 子宗麟

重慶下 宗明宗謨

## 凌儒

真卿 號海樓 直隸泰州人 巳卯十一月初二日
生 癸卯鄉試 會試一房 三甲 觀都察院政 江西
永豐知縣 選道

祖爵
父可
母周氏
重慶下

兄仁 儀 弟任 生 自 娶潘氏
子鳳毛 鳳翼

徽州府
屬七人

## 方敏

汝脩 號會州 直隸祁門人 癸酉十一月十三日
生 丁酉鄉試 會試三房 三甲 觀大理政 浙江湖
州府推官 陞刑主事

祖秉淋
父文早
前母陳氏
母吳氏
永感下

兄敔 致 敘 娶蔣氏 子沛然 渾然 洞
然 湛然

## 方良曙

祖泰
父祥慶
母姚氏
具慶下

字寅賓號暘谷直隸歙縣人乙亥二月十五日生
己酉鄉試會春秋一房二甲觀兵部政南工主
事起復補工部
兄良明　弟良啓良用生員良鏜良鎮良肇
娶葉氏　子一元一德一貫一樂

## 汪春時

祖復彖
父瀾生員
母江氏
具慶下

字育號我塘直隸婺源人戊寅九月初七日生
己酉鄉試會禮記二房二甲觀戶部政卒
弟春曙春暄　娶江氏　子思永思文思充
思亮思齊

程金

德良　號麗川　直隸歙縣人　戊寅十月廿四日生
丙午鄉試　會易二房　二甲　觀吏部政　南工主事

祖顯英　散官
父昇
前母汪氏
母閔氏
具慶下

起復　調
兄鐵　鐸官省祭　鍾　鈺　生　自　弟鏜　鐃
娶吳氏　子

李叔和

介甫　號龍潭　直隸祁門人　戊寅十二月初九日生
丙午鄉試　會書二房　三甲　觀戶部政　湖廣承
天府推官　起復　補山西太原

祖俊　義官
父洪
嫡母張氏
生母謝氏
具慶下

兄伯興　生　自　弟仲發　仲達　娶汪氏　子文
熀　文煥　文燁

## 江一麟

仲文號新原直隸婺源人庚辰七月初八日生

丙午鄉試會試書四房二甲觀禮部政浙江安吉

知州陞刑員外

祖德良壽官

父鞔

母汪氏

兄一鳳 兄一鵬舉人 弟一皋 一誠 娶程氏

慈侍下

子世祐

## 程廷策

汝揚號石峯直隸休寧人辛巳十二月初十日生

生壬午鄉試會易四房二甲觀工部政戶主事

祖添然

父藍興封主事

母孫氏封太安人

兄汝治監生 汝廉監生 廷誠生員 弟廷訓 廷龍

具慶下

廷德[illegible]娶吳氏封安人 子路 瀕 涓 沚

寧國府

屬二人

何[火奎]　文明　號朗峯　直隸南陵人　丁丑十月廿一日生

癸卯鄉試　會試四房　三甲　觀吏部政　行人　選兵

科

祖旺　義官

父梧

母孫氏

具慶下

弟美　煒　爌生員　煌　炳　娶汪氏　繼娶汪氏

子守謙　守默

許汝驥　德卿　號五河　直隸寧國人　壬午七月十六日生

壬子鄉試　會書二房　二甲　觀刑部政　戶主事　娶

復補兵部

祖旦

父鳳相

母葛氏

繼母李氏

具慶下

兄汝奇　汝皐生員　汝梅生員　弟汝驄　汝驃俱生員

汝駿　汝騮　娶周氏

子成仁　成信

安慶府

屬四人

# 齊遇

士賓號泰衢直隸桐城人丙午二月初二日生

丁酉鄉試會試詩一房二甲觀刑部政山西澤州

祖瑩 贈刑科給事中 如州陞戶部員外郎中廣東僉事

父之龍 布政司都事

母方氏

兄仁 散官 傑 知府 儀 散官 述 監生 弟適 散官 達

慈侍下 遵 近 俱生員 娶謝氏繼娶方氏 子伊 名呂 名

# 於惟一

德夫號皖川直隸懷寧人辛巳十二月初六日

生壬午鄉試會試易四房二甲觀通政司政工主

祖寬 事陞員外郎中太原知府

父璜 贈主事

前母徐氏 贈太安人

汪氏 母南氏 兄松 惟敬 娶舒氏 州 舍 子國華國榮

封太安人 慈侍下

# 金燕

尚賓 號之川 直隸潛山人 壬午五月廿二日生
癸卯鄉試 會試二房 三甲 觀禮部政 浙江桐鄉
知縣 選南禮科 謫夷陵州判 陞江西貴溪知縣

祖光瑩
父遴
母李氏
兄蕃生員 蓋生員 滋生員 娶陳氏 子廷輔
慈侍下 廷彥 廷俊

# 林有望

思道 號未軒 直隸桐城人 丁亥十二月廿三日
生 壬午鄉試 會試二房 三甲 觀禮部政 福建邵
武知縣 陞刑主事 調兵部

祖泰
父松
前母胡氏
母方氏 弟有朋 有昆 有萼 娶方氏 子應辰
具慶下

滁州一人

**王可立**

字中弼號成山直隸來安人丁丑三月十四日生
丙午鄉試會易三房三甲觀吏部政刑主事陞
員外郎中　僉事

祖安　舉人
父瀓　監生 贈主事
前母陳氏　贈太安人
母張氏　封太安人
慈侍下
兄可久　生員　可大　娶李氏　贈安人　繼娶鄒氏　封安人
子嘉謨

# 浙江省五十一人

杭州府屬九人

**金應奎**

字文宿號對峯浙江仁和人甲戌九月廿四日生
丁酉鄉試會易三房三甲觀工部政行人選道

祖傑
父瑋
前母金氏
母陳氏
慈侍下
娶邢氏　繼娶沈氏
子楊元

# 董鯤

祖源
父載 教授　前母曹氏　周氏
母朱氏
慈侍下

化鄉少湄浙江海寧籍海鹽人戊寅九月十八
日生壬子鄉試會書三房三甲觀禮部政直隸
宜興知縣選道
兄陰 訓導　鳳 監生　肩寅　鹿　娶鍾氏　子廷
陳廷對

# 祝世廉

祖贊 知縣
父繼倫 知縣 贈主事
母賈氏 封太安人
慈侍下

子隅 號存溪浙江海寧人庚辰正月初九日生
癸卯鄉試會禮記一房二甲觀通政司政刑主
事陞員外郎中汝寧知府
兄世康 生員　弟世慶 生員　娶周氏 封安人　子以繼

凌立

祖恩

父桂贈刑主事

母張氏旌表節婦封太安人

慈侍下

字中孫號雙橋浙江錢塘人庚辰九月廿七日生

丁酉鄉試會易三房觀禮部政刑主事員外郎中

娶朱氏封安人 子登名登瀛登第登高

吳遵晦

祖宗裕封南京刑部主事

父昂加贈中憲大夫布政司參議

母顧氏加封太安人

慈侍下

明仲號桂軒浙江錢塘人庚辰十二月初五日

生庚子鄉試會書一房二甲觀大理政工主事

陞員外郎中

兄夢登 弟遵道生員 娶徐氏封安人 子德剛

徐梓

汝良號鳳腸浙江餘杭人辛巳八月廿二日生
丙午鄉試會書三房三甲觀兵部政廣東饒平
知縣陞刑主事

祖金
父漢監生
母吳氏
繼母葉氏
具慶下

弟樟 榆 杞 荊標 荊校 娶邵氏 子

徐炳

仲孚號景山浙江海寧人辛巳九月初一日生
癸卯鄉試庚戌會易二甲觀禮部政南刑主事
陞員外郎中江西僉事

祖愷
彖嗣父子喬
母方氏 生父
子木貢生母葉氏
慈侍下

兄炅生員 弟煜生員 勲 煒
娶方氏 子培 型

沈淳
仲雁號盃湖浙江海寧人辛巳十月廿四日生
祖賢壽官
癸卯鄉試會易二房三甲觀刑部政福建建寧
府推官選禮科
父世榮
前母張氏
母孔氏
弟湛 治 淑生員 洙 娶周氏 子啓經
具慶下
啓綿

沈志言
子謨號慎齋浙江海寧人癸未四月十八日生
己酉鄉試會書二房二甲觀刑部政直隸滁州
祖文禮壽官
知州起復補和州陞刑部員外
父美
前母周氏
母戴氏
兄志德生員 弟志政生員 志文
具慶下
娶余氏 子時敏 時習

嘉興府
屬十人

呂程

祖憲 南京太常寺卿
父文
母毛氏
嚴侍下

宗洛 號南川 浙江秀水人 甲子六月十四日生
癸卯鄉試 會書三房 三甲 觀吏部政 河南懷慶
府推官 到任未兩月勇退

兄科 舉人 秩 生員 弟櫻 生員 穆 同榜進士 稽
娶賀氏
子

盛周

祖洪
父嵩 贈主事
母沈氏 贈太安人

永感下

文郁 號文湖 浙江秀水人 甲戌十一月初三日
生 壬午鄉試 會書三房 三甲 觀都察院政 福建
浦城知縣 陞南刑主事 郎中

兄唐 弟世虞 時 宋儒 生員 夏 啟 朝臣 朝賢 朝聘
朝佐
娶吳氏 封安人
子惟謙 惟傳 惟德 惟勲

## 呂穆

祖憲 南京太常寺卿

父廣

母周氏

具慶下

宗文號字岡浙江秀水人丙午五月廿七日生

癸卯鄉試會書一房二甲觀吏部政直隸邳州

知州起復補壽州陞工員外

兄科 舉人 秩 生員 程 同榜進士 稷 生員 弟秸 娶周氏

繼娶王氏 子擇祖協祖憲祖

## 戚元輔

祖澤

父珊

母張氏

慈侍下

希周號崧陽浙江嘉興人丁丑十二月十二日

生丁酉鄉試會春秋一房三甲觀刑部政江西

撫州府學教授卒

弟元佐 舉人 娶邵氏 子廷華 生員

## 鍾一元

太初 號侍山 浙江秀水 八 壬午九月廿九日生
壬午鄉試 會詩三房 二甲 觀兵部政 福建福寧
知州 起復 補濮州 陞員外

祖秀 貢士
父霊
母姚氏
具慶下

第一能 一陽 令史 一岳 生員 一巖 一才 一新 一
華一貞 娶向氏 子世科

## 王三錫

懷國 號介湖 浙江嘉興人 甲申九月十三日生
癸卯鄉試 會易四房 三甲 觀刑部政 直隸保定
府推官 起復 補蘇州 止

祖璇
父綬 義官
母潘氏
具慶下

第三接 生員 三聘 三顧 生員
娶宗氏 子

卜大順 達夫號籚泉浙江秀水人丙戌十二月初七日

生己酉鄉試會書四房三甲觀刑部政直隸當

塗知縣陞刑主事調吏部陞員外

祖周 義官

父宗洛 監生加贈刑部員外郎

前母周氏 加贈太宜人

母賀氏 加封太宜人

慈侍下

兄大同 福建副使 大有 南刑部郎中 大觀

娶楊氏 贈安人

繼娶顧氏 封安人

子

沈繼志 體道號盧舟浙江桐鄉人己丑二月初八日生

壬午鄉試會書三房二甲觀兵部政工部主事

祖桂 卒

父祐 主簿

嫡母顧氏

生母李氏

具慶下

兄繼儒 繼經 繼學 俱生員 繼科 官 [illegible] [illegible] 弟繼可

娶周氏

繼娶李氏

子

## 姚弘謨

繼文 號禹門 浙江秀水人 辛卯五月十五日生
壬子鄉試 會書四房 二甲翰林庶吉士 起復授
編脩

祖 漢 教諭
父 應科 生員
前母 丁氏
母 丁氏
慈侍下

弟 弘訓　娶 徐氏　子 廣臣

## 錢同文

大行 號懷蘇 浙江嘉興人 壬辰十月廿七日生
乙酉鄉試 會書三房 三甲 觀刑部政 直隸祁門
知縣 陞刑主事

祖 璞
父 汝立
母 諸氏
重慶下

弟 同升 同春 同芳　娶 費氏　子 應鹿

湖州府 以庸號古渠浙江烏程人戊辰九月初十日生

屬四人

# 溫應祿

丁酉鄉試會易二房一甲翰林院編脩卒

祖錄

父瀚監生

母張氏

兄應祥應潮 弟應禧生員應祉生員應禮監生

應初應禎應福應祐 娶臧氏 子子仁子

具慶下

儒子儀

# 潘銓

文衡號東涵浙江德清人丙子正月初十日生

庚午鄉試會詩五房三甲觀吏部政直隸蕪湖

祖洪

知縣陞評事止

父璃

前母凌氏

母沈氏

兄劍 弟金 娶嵇氏 子大中大才俱庠生

慈侍下

大成大觀大器

**慎蒙**

祖經 壽官

父祥

母唐氏

字正 號山泉 浙江歸安人 丙午三月十九日生

甲午鄉試會易二房三甲觀刑部政 福建漳浦

知縣 選南道 止

兄節 生員 弟盔 娶潘氏 子懋官 懋賞

**臧繼芳**

永感下

祖維 副千户 贈禮部主事

父應璧 貢士 封主事

母吳氏

具慶下

原實 號克山 浙江長興人 丙午閏十二月廿三

日生 庚子鄉試會易四房二甲觀禮部政 工主

事陞員外郎中

弟繼華 繼蕃 俱生員 娶吳氏 封安人 子懋德 懋衡 懋

循

寧波府
屬七人

# 秦宗道

仲學號後湖浙江慈谿人丙午正月廿二日生
丁酉鄉試會詩三房二甲觀刑部政起復補兵
部陞員外福建僉事
祖坤 贈通議大夫都察院右副都御史
父鉞 通議大夫都察院右副都御史
母陳氏 封叔人
兄宗儒 遼府右長史 弟漢 娶王氏 子東藩
慈侍下
東暘

# 袁祖榮

德甫號鶴峯浙江鄞縣人丁丑十一月十三日生
壬午鄉試會易一房三甲觀刑部政廣東南
祖大紳
海知縣卒
父家祥 典史
母陳氏
弟祖華 驛丞 祖萃 祖芳 祖義 生員 祖蘭
具慶下
娶虞氏 子慶雲 慶霖

## 陸泰

惟安號魯峯浙江鄞縣人辛巳八月初十日生
己酉鄉試會易四房三甲翰林庶吉士授檢討

祖偲　義官
父綱　封檢討
母包氏　封太孺人
重慶下

弟水　荣　槃　俱生員　娶水氏　封孺人　子肇元　肇光

## 尹士龍

見卿號躍川浙江慈谿人辛巳八月廿五日生
壬午鄉試會詩三房三甲觀刑部政福建候官
知縣陞刑主事

祖鑑
父紳
母顧氏
慈侍下

兄士榮士良士元士英　娶陳氏　子

## 秦淦

祖炫 散官
父基 武部場大使
母王氏
嚴侍下

懋清 號明戶 浙江慈谿人 辛巳十月三十日生
壬子鄉試會試一房三甲觀工部政福建閩縣
知縣陞南工主事

兄錄 鍠生員 鈺 釗生員 鑒生員
娶阮氏 子應登

## 馮葉

祖鍊 驛丞
父光國 縣丞
母鄭氏
具慶下

子奕 號彖菴 浙江慈谿人 甲申十一月十一日
生 已酉鄉試會試三房二甲翰林庶吉士改授
戶科守制卒

兄棨生員 棻禮部儒士 樑生員 弟樂 築 渠俱生員
娶徐氏 子

# 馮叔吉

汝迪 號脩吾 浙江慈谿人 癸巳十一月十六日
生 壬午鄉試 會詩四房 三甲 觀禮部政 江西泰
和縣知縣 陞禮主事

祖禾
父欒 生員 封主事
母錢氏 封太安人
兄繼志 生員 伯禎 仲祥 弟李 兆 少占
具慶下
娶周氏 封安人 子

紹興府
屬十一人

# 楊九韶

成甫 號中鳴 浙江餘姚人 辛未十月廿八日生
丙午鄉試 會書四房 三甲 觀禮部政 直隸南陵
知縣 起復補稟強

祖滋
父宗道
母王氏
弟九夏 九範 九齡 娶徐氏 繼娶徐氏
具慶下
子召 言 名

**司馬初**

元甫號戩山浙江會稽縣人癸酉九月初二日
生壬午鄉試會詩四房三甲觀兵部政湖廣巴
祖公讚贈刑部主事 陵知縣卒
父相福建按察司僉事
母趙氏封安人
弟祿 法 正俱生員 妝 吉 禮
慈侍下 娶董氏 子時 昕生員 明 晰

**楊旦**

汝明號見峯浙江上虞人丁丑六月初六日生
丙午鄉試會易一房三甲觀禮部政直隸嘉定
祖英 知縣陞兵主事止
父銓生員
母蕭氏
弟亘 旻 晟 杲 昆 娶石氏
永感下 繼娶宋氏 子

## 俞意

祖信
父霖 贈官
母唐氏
慈侍下

字誠 號中山 浙江山陰人 戊寅十二月初八日生
癸卯鄉試 會易二房 三甲 觀禮部政 直隸嘉
定知縣 起復補建安 陞兵主事
弟心 娶李氏 繼娶趙氏 子兗典 生
兗中 兗夫 兗文

## 陳綰

祖頊
父述 封監察御史
母嚴氏 封孺人
具慶下

用中 號蒲洲 浙江上虞人 庚辰七月廿九日生
己酉鄉試 會易二房 二甲 觀吏部政 起復授兵
主事 陞員外 刑部郎中 卒
兄緒 生員 紹 知府 維絳 青州知府
娶陶氏 子泰旦 生員

## 張誼

宜言 號左川 浙江蕭山人 壬午三月十六日生
丙午鄉試會書四房二甲觀都察院政卒

祖幹 山使 指揮
父廷柱 生員
母高氏
具慶下

兄諠 弟詞 詰 調 生員 語 諧 監生
諡 生員 諒 娶黃氏 子訓 中訓 才

## 姜子羔

宗孝 號對陽 浙江餘姚人 癸未十二月十九日
生 癸卯鄉試會禮記一房三甲觀吏部政 四川
成都府推官陞禮主事

祖榮 瑞州府通判 工部主事
父應期 生員 贈主事
母諸氏 封太安人
慈侍下

兄子初 子丸 生員 子美 生員 子重 子
建 子京 子芳 子忱 弟子肖 子貞
娶吳氏 贈安人 繼娶方氏 封安人 子銓 釪

# 金柱

國楨號中石浙江上虞人丙戌十一月十一日
生己酉鄉試會詩二房三甲觀通政司政江西
高安知縣調直隸江陰陞兵主事調廬州教授

祖玉
父德昭州判
母吳氏
具慶下

兄榜　弟棟　棵　槐　娶沈氏　子彥肅

# 孫大學

布曾號省吾浙江山陰人丁亥十月廿七日生
丙午鄉試會詩五房三甲觀刑部政江西安福
知縣調福建光澤陞大理評事

祖孟鑑
父仲彰驛丞
母周氏
具慶下

弟文學　來學俱生員　幼學　敏學　娶吳氏

# 趙圭

子重號信吾浙江山陰人丁亥十二月廿七日生壬午鄉試會易四房三甲觀大理政直隸全壇知縣陞工主事員外止

祖倫生員
父德光生員
母周氏
繼母傅氏
具慶下

兄堂生員 弟堦 室 坦 堪 墀 壁
娶王氏 子公遴

# 孫鋌

文和號正峯錦衣衛官籍浙江餘姚人戊子正月十七日生己酉鄉試一名會易四房三甲翰林庶吉士授編脩

祖燧巡撫江西都御史贈禮部尚書諡忠烈
父陞南京禮部尚書
母韓氏贈淑人
繼母楊氏封淑人
重慶下

兄鎮光祿署丞 錡監生 鏓癸卯舉人 鈺貢監 鑾[illegible] [illegible]癸卯舉人
弟鈞庠生 鏞 娶魏氏 子

台州府屬四人

何寵

祖侃
父從良 典史
母江氏
慈侍下

汝錫 號文峯 浙江臨海人 壬申八月十一日生
癸卯鄉試 會試二房 二甲 觀禮部政 直隸無為
知州 陞刑部員外

弟寬 成都知府 寀 生員 娶顧氏 子大有 大壯 大
見 大訓 大益

應明德

祖偉
父鯨 贈主事
母趙氏 封太安人
慈侍下

在明 號養虛 浙江臨海人 癸酉丑月初四日生
癸卯鄉試 會試二房 二甲 觀都察院政 刑部主事
陞員外郎中 湖廣黃州知府

兄敬德 弟鍾德 懋德 娶沈氏 封安人 子汝耕
汝牧 汝魚

## 金立相

道夫號充菴浙江臨海人丁丑十二月初七日
生癸卯鄉試會春秋一房二甲觀都察院政南
兵主事陞員外郎中卒

祖紘封刑部主事
父貢亨提學副使
母張氏封安人

兄立愛南京刑部主事終養　立敬見任福建提學副使　弟立常生員
具慶下
娶柳氏　子錫祚錫袞

## 吳時來

惟脩號悟齋浙江僊居人丁亥四月廿八日生
己酉鄉試會春秋工房三甲觀禮部政直隸松
江府推官選刑科謫廣西慶遠戍

祖榮贅義官
父炳臺生員
母王氏

弟時教生員　時永　娶尹氏　子
嚴侍下

金華府屬四人

## 徐玭

叔明　號盂山　浙江蘭谿人　己卯五月初四日生

丙午鄉試　習春秋　二房　二甲　觀刑部政　南刑主事

祖愚

父齡

母祝氏

具慶下

兄大成　大器　娶趙氏　子存良

## 趙祖朝

宗正　號心菴　浙江東陽人　己卯八月初五日生

癸卯鄉試　會詩二房　二甲　觀禮部政　直隸泰州知州　陞刑員外

祖為濂

父繼宋　封刑部員外郎

母吳氏　封安人

具慶下

兄祖庶　祖元（山西僉事）　弟祖鵬（同科進士）　祖鷹　祖昭（[illegible]）　祖述（丙午舉人）　祖鷁（壬子舉人）　祖烽　祖忠　祖亨　娶金氏　子賢堅

## 趙祖鵬

宗南號太冲浙江東陽人己卯十月三十日生

己酉鄉試會詩四房二甲翰林庶吉士授編脩

祖為潛

父繼機贈編脩

母郭氏誥表孝婦封太孺人

兄祖熙祖羔監生祖元山西參事能監生祖朝四川通判

弟祖鵾祖偉監生鳳生員驂監生祖述舉人祖

慈侍下

成監生祖㷔舉人娶郭氏封孺人子賢宗

## 徐用光

成孚號益菴浙江蘭谿人丙戌六月廿四日生

己酉鄉試庚戌會易二甲觀禮部政工主事陞

祖講

貞外

父袍舉人贈主事

母胡氏贈太安人

兄用圭弟用檢用乾俱生員用脩用襄用成用

永感下

齊用登娶唐氏封安人子學賑學聖

衢州府　邦器號思菴浙江龍游人己丑正月初四日生
屬一人　陸瓚　壬子鄉試會詩五房二甲觀刑部政工主事起
祖孟良　復補本部陞員外郎中
父樓封主事
母徐氏贈安人
兄球譖語佐工部郎中堍璣　娶鄭氏封安人　子
重慶下

處州府　實夫號杞山浙江縉雲人戊子十二月廿三日
屬一人　鄭文茂　生壬子鄉試會易三房三甲觀吏部政起復授
祖脩　刑主事陞員外
父叙贈主事
母李氏贈安人
繼母朱氏封安人　弟文盛文哲文識文昭文鳴　娶田氏　子
重慶下

江西省三十六人

南昌府

屬一六人

葉龍

乾甫號沆湖江西南昌人壬申九月廿四日生

丁酉鄉試會春秋二房三甲觀吏部政起復授

南禮主事陞郎中

祖岡典史贈文林郎知縣

父樹知縣加贈主事

母閔氏封孺人加封太安人

弟從龍監生娶徐氏封安人子木生員林森楞梧

具慶下

余朝卿

汝鄉號章南江西南昌人癸酉二月十九日生

癸卯鄉試會詩二房二甲觀兵部政刑主事陞

員外郎中丞天知府

祖清

父文燁贈主事

母楊氏贈太安人

娶雷氏封安人子爰愛忠

永感下

**羅復**

祖傳道
父鎬
母萬氏
繼母萬氏
具慶下

子貞　號雨巖　江西南昌人甲戌十月十一日生
己酉鄉試會詩二房三甲觀吏部政行人選道
兄明陽典史　東陽　弟泉陽　洛陽　孔陽　乾陽
娶魏氏　子顯孝

**鍾沂**

祖玉潤
父彩
母何氏
繼母熊氏
具慶下

宗魯　號古原　江西南昌人甲戌十月廿九日生
癸卯鄉試會詩二房三甲觀吏部政福建甌寧
知縣選道
弟沐　治　浹　治　濂　淳　娶熊氏　子允復

樊儆

一貫號北萊江西南昌籍進賢人甲戌十二月
初八日生丁酉鄉試會詩五房三甲觀禮部政
祖曰邦
直隸桐城知縣調丹徒起復選工科
父義
母萬氏
娶萬氏　子之翰之屏
具慶下

姜儆

君治號思毅江西南昌人丙子正月十七日生
丙午鄉試會詩一房三甲觀兵部政直隸宣城
孔亨
知縣選道
父桓
母羅氏
兄健　弟僮　娶陳氏　子慶
慈侍下

萬浩

祖福 知府贈南京都察院右都御史

父銳 封編修

前母艾氏 贈太孺人

母張氏 封太孺人

具慶下

汝益 號大畸 江西進賢人 丁丑七月十九日生

丙午鄉試會易一房二甲翰林庶吉士授編脩

兄潮 右副都御史 灝 弟沂 濂 洛 丞供驛 淳 官生 庸 渶

浚渼 娶吳氏 封孺人 子樂渠

阮文中

祖仲欽

父鳳 封主事

母陳氏 封太安人

具慶下

用和 號沙城 江西南昌人 戊寅四月廿四日生

己酉鄉試會詩五房二甲觀禮部政南兵主事

陞員外吏郎中

娶謝氏 封安人 子濂 洛

**張正位**

以人 立齋渥泉江西南昌人庚辰五月十九日生

丙午鄉試會易四房二甲觀兵部政刑主事陞

員外郎中

祖大訓

父元宗 贈主事

母涂氏 封太安人

兄正邦正卿 弟正心 生自 娶羅氏 封安人 子守

慈侍下

道守遜守遴守邁

**魏元吉**

敬之號連洲江西南昌人辛巳七月廿三日生

己酉鄉試會詩二房三甲觀工部政直隸獻縣

知縣選刑科陞户科右

祖叔華

父季偉 封給事中

母周氏 贈太孺人

繼母曹氏 封太孺人

兄元健元忠 生自 弟元善 娶徐氏 封孺人 子體

具慶下

仁居仁

## 王希烈

子忠號東岑江西南昌籍臨川人辛巳十一月初十日生庚子鄉試會詩三房二甲翰林庶吉士授編脩

祖崇禎

父廷望 封編脩

母徐氏 封太孺人

重慶下

兄希昂 生員 弟希周希程希張希佐 娶李氏 贈孺人 繼娶戴氏 封孺人 子時文

## 喻南嶽

極夫號洪江江西新建人壬午八月十一日生壬子鄉試會詩三房二甲觀都察院政直隸六安知州陞兵貟外郎中

祖瑞 壽官

父梯 生員

母劉氏

繼母田氏

重慶下

兄南岱 弟南崑南嵛南華南岐南俊南傑南英南藩南仲 娶鄧氏 子

李貴

廷良號文麓江西豐城人壬午十月十三日生
壬子鄉試一名會詩五房二甲翰林庶吉士授
編脩

祖環 監生遷州經歷
父閒 封編脩
母劉氏
具慶下
弟寶實 娶吳氏 封孺人 子應芝

李東華

景曉號陽池江西豐城人壬午十月十四日生
丙午鄉試會易五房三甲觀刑部政太常寺博
士選工科歷陞禮科都

祖鵬
父恩 封給事中
母徐氏 封太孺人
具慶下
弟東華 舉人 娶劉氏 子翔鹿

李裦

紹治號念所江西南昌人癸未八月廿四日生
丙午鄉試會禮記一房二甲觀通政司政刑主
祖時濟　事陞光祿寺丞卒
父鑰
母龔氏 節婦
娶鄧氏　子世良
重慶下

劉曰材

汝成號湖山江西南昌人癸未九月初四日生
己酉鄉試會詩一房三甲觀禮部政廣東韶州
祖廷璋　府推官陞禮部主事
父仕沃 封主事
母何氏 封太安人
弟曰楨　娶楊氏 封安人　子
具慶下

饒州府

屬七人

# 黎德充

本盧諦抑菴江西樂平人甲子八月十五日生

癸卯鄉試會詩五房二甲觀吏部政終養起復

祖瑄 授南刑主事陞郎中

父僉 贈主事

母鄔氏 贈太安人

兄朗 弟德明 生員 娶王氏 封安人 子國彥 引禮

慈侍下 國士

# 張僊

誠之號璧峯江西浮梁人癸酉十一月十六日

生丁酉鄉試會書一房二甲觀禮部政河南鄧

祖文通 州知州陞工員外

父瓘

母吳氏

弟仕侃 生員 儼 娶王氏 子昇

嚴侍下

## 戴時雍

逢堯號龍峯江西浮梁人甲戌七月初四日生
丙午鄉試會書四房二甲觀吏部政刑主事陞
員外郎中

祖晅　首士
父鏓　典儀封主事
母侯氏　贈太安人
嚴侍下

兄時盛　弟時亮時會　娶方氏封安人　子希憲

## 葉萬祿

惟學號南江江西饒州千戶所人甲戌八月初
五日生丙午鄉試會易二房二甲觀都察院政
工主事陞員外改南刑部卒

祖貴春　贈工部主事
父正英　工部營繕司主事
母丘氏　封安人
慈侍下

兄萬爵　弟萬祐生員萬裕萬祉
娶劉氏　子欽光恩光世光

## 史桂芳

景實 號惺堂 江西鄱陽人戊寅五月十九日生
丙午鄉試會書一房三甲觀刑部政直隸歙縣
知縣陞南刑主事

祖恩
父仲昭 生員
母章氏
慈侍下

弟聯芳 生員 載芳
娶沈氏
子書言 書直

## 胡士彥

世美 號薦齋 江西鄱陽人癸未二月初五日生
壬子鄉試會易三房二甲觀刑部政工主事調
禮部陞員外

祖富 贈兵部主事
父岳 知府加封中憲大夫
母莊氏 贈安人加贈太安人
嚴侍下

兄立 監生 蔭 監生 齊 生員 弟永 生員
娶朱氏 封安人 子繼弟

思謙 號鳳岐 江西浮梁人甲午十月廿一日生

## 侯有功

壬子鄉試會易三房三甲觀大理政大理評事

祖崇 散官

陞寺副寺正

父仕 生員封評事 前母

李氏 贈太孺人 潘氏

母盧氏 封太孺人

兄有觀 有光 弟有能 有慶 娶徐氏 封孺人

具慶下

子

南康府屬一人

汝原 號龍川 江西星子人丙子二月初九日生

## 胡湧

壬子鄉試會詩四房二甲觀兵部政刑主事自

祖鋑 經歷

外陞河南僉事

父和 封主事

母周氏 封太安人

兄泌 生員 弟沂 濂 潛 娶王氏 封安人

具慶下

子焜 燿

建昌府
屬二人

## 羅汝芳

惟德號近溪江西南城人己亥五月初二日生
癸卯鄉試甲辰會詩三甲觀工部政直隸太湖
知縣陞刑主事

祖廷璉
父錦 生員封主事
母甯氏 封太安人
具慶下

弟汝順汝初 娶吳氏封安人 子軒 輅

## 曾傑

國佐號曉峯江西南城人丙戌三月十八日生
壬子鄉試會詩三房二甲觀刑部政刑主事卒

祖萬
父禧
母饒氏
繼母萬氏
重慶下

弟傳 娶錢氏 子文啓文詠文進

撫州府屬四人

## 黃希憲

伯容號毅所江西金谿人己卯八月廿七日生

己酉鄉試會易四房三甲觀吏部政行人選南

道

祖世芳

父文魁

母左氏 繼

母王氏李氏張氏

兄琛主簿 希夔 弟希曾 希孟 娶周氏

具慶下

子元賓 元卿

## 黃紀

子陳號梁山江西臨川人己卯十一月三十日

生癸卯鄉試會詩三房三甲觀刑部政浙江海

寧知縣起復補長垣選道

祖玉琦

父鑰

母龔氏

具慶下

兄綱生員 弟統生員 縱 娶鄒氏 子廷賓

廷實 廷監 廷允

## 高應芳

維實　獅谷　南江西金谿人丁亥十二月十六日生己酉鄉試會試四房三甲觀大理政行人選
道

祖廷俗
父月威
母黃氏
具慶下

兄應梅　弟應葵生員　應蘭　應芬　娶李氏
子立德　立功

## 徐善慶

元禎　獅龍岡　江西金谿人壬辰九月十五日生
壬子鄉試會書一房二甲觀工部政河南汝州
知州陞兵員外郎中

祖脩　壽官
父鈞
母許氏
繼母袁氏
重慶下

兄湯沾　弟同慶　娶王氏　子

吉安府
屬六人

郭汝霖

時望號一崖江西永豐人庚午三月廿日生庚
子鄉試會易三房三甲觀工部政行人選吏科
陞右左賜一品服使琉球

祖崇秩
父朝漢
母吳氏
慈侍下

弟汝楫汝梅生員　娶丘氏　繼娶宋氏
王氏　子與阜與禹與伊與孔

周賢宣

仲含號洞巖江西萬安人辛未十一月廿六日
生癸卯鄉試會易四房二甲觀大理政工主事
陞員外郎中福建延平知府

祖古直
父文琢荊府大使贈主事
母劉氏贈太安人
永感下

兄賢寀　弟賢褱　娶王氏封安人　子焜

## 曾濂

子濬號六華江西永豐人丙子七月廿六日生
庚子鄉試會易二房三甲觀通政司政行人部
復選禮科
祖翔 衛經歷
父夢祺 知州
母陳氏
兄潛 生員 湛 源 弟汪 生員 瀚 生員 叔
娶王氏 子學松 學柏
具慶下

## 王文炳

道光號龍峯江西廬陵人己卯六月十八日生
癸卯鄉試會易一房三甲翰林庶吉士授吏科
歷陞左右兵部太僕寺少卿
祖惟贊 義官
父慶環 生員 貤封給事中
母劉氏 封太孺人
弟文煒 文炤 文燈 娶劉氏 贈孺人 繼娶楊氏 封孺人
具慶下
子命官 命爵 命賞

## 曾梅

以調號螺泉江西泰和人癸未二月初五日生
壬子鄉試會書一房三甲觀都察院政直隸興
化知縣調崑山止

祖禮宣
父湯輝
母蕭氏
具慶下

弟木 娶李氏 子體乾

## 羅良

虞臣號月巖江西萬安人乙酉十一月初六日
生丙午鄉試會禮記二房三甲觀禮部政直隸
大名府推官陞禮主事改吏主事員外

祖昶
父彥宏封主事
母朱氏
繼母張氏封太安人
具慶下

弟衣 娶劉氏封安人 子

# 福建省四十一人

福州府屬十人福寧州附

## 黃乾行

祖發

父子厚 贈主事

前母林氏 贈太安人

母雷氏 贈太安人

永感下

叔陽 號玉巖 福建福寧人 乙亥二月初九日生

己酉鄉試會禮記二房三甲觀都察院政行人

陞戶主事

兄乾清 舉人 乾德 知縣 弟乾道 生員 娶王氏 封安人

子坤直 坤方 坤文 坤章

## 黃仁惠

祖濡

父一德 生員

母林氏

繼母薛氏

嚴侍下

廷敷 號石峯 福建福清人 乙亥八月廿九日生

甲午鄉試會詩三房三甲觀都察院政江西新淦知縣止

兄仁傑 仁仲 生員 弟仁位 生員 仁舉 仁忠 生員

應奎 應元 娶劉氏 繼娶陳氏 子大有 大受

# 陳懋觀

孔曾 號益泉 福建長樂人 乙亥十一月十六日
生 丙午鄉試 會詩一房 三甲 觀刑部政 浙江會
稽知縣 起復 補山陰 選兵科

祖良貴 教諭
父山
母潘氏
懋侍下

弟懋明 懋章 懋憲　娶林氏　子經濟 經綸
經義 經術 經畧 經縕

# 石梁

士升 號觀海 福建長樂人 丙子正月十八日生
巳酉鄉試 會詩一房 三甲 觀兵部政 浙江龍游
知縣 卒

祖舜龍
父禹疇
母陳氏
重慶下

弟拱 生員 檻桂 生員 栢　娶謝氏　子一成

# 蔡本端

幼自號涵春福建閩縣人丙子五月廿日生己
酉鄉試會易二房三甲觀刑部政浙江崇德知
祖文鑛　縣以倭變謫戍
父浩知州
嫡母陳氏
生母林氏　弟本瑞本顯　娶林氏　子熙績熙學熙典
永感下　熙志

# 陳瑞

孔麟號文峯福建長樂人戊寅八月廿日生丙
午鄉試會詩五房三甲觀吏部政行人選道
祖坌贈御史
父大倫
母林氏　兄器永是　弟謀時舉俱
生員　譔琦舉人　奉承差　孔典省表俱生員　旭暢后衮
慈侍下　娶林氏　子長進生員　長祚長勉

## 孫用

祖景華 壽官
父雍
前母鄭氏
母陳氏
嚴侍下

行可 號台山 福建連江人 庚辰十月初四日生
丙午鄉試 由教中會試易三房 三甲 觀刑部政
行人選道
弟曰乾 曰嚴 曰強 娶王氏 子懋孝

## 陳奎

祖瀚
父哲
母劉氏
慈侍下

汝星 號文塘 福建懷安人 甲申九月廿七日生
壬子鄉試 會春秋一房 三甲 觀通政司政 直隸
丹陽知縣 陞南戶主事 起復補戶部
兄蒲 生員 弟璺藩 生員 娶郭氏 繼娶齊氏
子一梧

## 陳謹

祖琰 壽官
父伯亮 封修撰
前母林氏 贈太安人
林氏 母卓氏 封太安人
具慶下

德言 號環江 福建閩縣人 乙酉閏十二月十二日生 壬午鄉試 會詩三房一甲一名 翰林修撰 調惠州府推官 陞尚寶司丞 南國子司業

弟記 詰 生員 大經 生員 詢 詣 謀 諤 詩 誨
娶石氏 贈安人 繼娶鄧氏 封安人 子一 愚

## 鄭源彬

祖叔定
父錫秀
母林氏
繼母林氏
重慶下

汝宜 號梅岡 福建長樂人 戊午七月廿一日生
己酉鄉試 會詩四房二甲 觀刑部政 立隸壽州
知州 起復補開州 陞南戶員外

兄源洵 弟源來 源琳 娶曾氏 子

泉州府
屬十三人

## 林富春

景巖號成山福建惠安人壬申十月十七日生
丙午鄉試會試詩二房三甲觀都察院政浙江諸
暨知縣陞蘇州府同知止

祖鐸
父滔
母陳氏
繼母莊氏
具慶下
弟壽春會春泰人長春遇春嚴春生員
娶江氏　子朴格標楨

## 莊士元

君聘號仁山福建晉江人癸酉十月初七日生
癸卯鄉試會試易三房二甲觀大理寺政直隸廣
德州知州陞刑部員外

祖晉陽知縣
父敬
母林氏
重慶下
弟士利士奇生員士鏊士治
娶柯氏　子

## 史朝宜

祖時泰
父宏珂
母吳氏
慈侍下

直之號方齋福建晉江人甲戌十月初五日生丁酉鄉試會易三房三甲觀都察院政直隸山陽知縣陞南戶主事起復補戶部

兄朝賔（刑部員外）弟朝富（同榜進士）朝案（丙辰進士）朝實 朝宣
（俱生員）朝守 娶薛氏 子繼儒 繼倫 繼脩 繼仕

## 許宗鎰

祖孔昭
父孟爵
母陳氏
繼母胡氏
永感下

應衡號定齋福建晉江人乙亥五月廿三日生己酉鄉試會易一房三甲觀工部政浙江浦江知縣調仁和陞南工主事

兄宗鏞 宗錄 弟宗欽 宗鎮 娶史氏
繼娶顧氏 子東暘 東曙

## 黃森

叔喬 號曉峯 福建惠安人 丙子九月初六日生
庚子鄉試會書一房三甲觀都察院政江西浮
梁知縣陞南户主事起復補户部

祖涀 壽官
父漢 教諭
母柳氏
具慶下
兄榜 陰陽訓術 弟棋 梁 俱生員
娶鄭氏 子廷掞

## 張喬檜

行節 號羅山 福建晉江人 丙子九月初十日生
癸卯鄉試會詩四房三甲觀兵部政直隸蘇州
府推官起復補淮安

祖繹章
父文璽
前母蔡氏
母趙氏
具慶下
兄喬椿 喬松 弟喬梓
娶賴氏 子志仕 志傑 志脩 志偉

## 史朝富

郎之翀小方福建晉江人丁丑五月廿六日生

丁酉鄉試會易四房三甲觀吏部政浙江永康

祖時泰　知縣起復補六合

父宏珂

母吳氏

慈侍下　（俱生）娶陳氏　子

兄朝富（工部郎中）朝宜（同榜進士）弟朝寀（丙辰進士）朝實　朝宦

## 王宗會

富之翀瀛東福建晉江人丁丑八月廿七日生

丙午鄉試會禮記二房三甲觀禮部政大理寺

祖琺　評事陞寺副起復補寺副

父綱（封評事）

母黃氏（封太孺人）

具慶下　應嶽

弟宗獻（生員）宗定　娶廖氏（封孺人）　子應鰲　應星

江萬仞 若庚 號達泉 福建晉江人 辛巳正月三十日生
丙午鄉試會易二房三甲觀刑部政江西貴溪
知縣陞南戶主事員外郎中

祖復亨
父瀾 封主事
母韋氏 贈太安人
兄儼 省祭官 偉
弟萬條 萬程 生員 萬傾 萬脩 萬有 萬籙 萬秀 萬川
嚴侍下
娶陳氏 子中柱 中櫓 中標

丘有嵒 孔觀 號瞻巖 福建晉江人 甲申九月初八日生
丙午鄉試會易一房二甲觀刑部政南吏主事

祖璽 陞郎中
父壽民 生員 贈主事
母林氏 封太安人
弟有峯 有崇 生員 有峩 有岦 有崟
慈侍下
娶李氏 封安人 子應科 應和 應种

李一陽

祖拱
父梓
母黃氏
具慶下

遵原號我山福建同安人丙戌正月初六日生
壬子鄉試會詩一房三甲觀吏部政卒
弟一復　娶莊氏　子仲默仲熙

戴一俊

祖晟
父琦贈主事
母何氏封太安人
慈侍下

惟宅號卓峯福建惠安人辛卯九月初九日生
壬子鄉試會詩四房二甲觀都察院政南刑主
事員外郎中
弟一敬　娶張氏封安人

李伯遇

載純 號南源 福建晉江人 壬辰三月廿四日生
壬子鄉試 會易一房 三甲 觀吏部政 浙江平陽
祖璞 知縣 陞大理評事
父雄
母陳氏
兄伯愚 伯祥 伯魯 伯廷 伯賓
具慶下 娶王氏 子

張存義

建寧府 宜甫 號懷沙 福建建安人 乙亥五月十三日生
屬五人 己酉鄉試 會易三房 三甲 觀刑部政 廣東番禺
祖文振 知縣 陞刑主事
父祥
母卓氏
兄存仁 弟存禮 存忠 存智 存信 存恕
永感下 娶黃氏 繼娶徐氏

## 林命

子順號梅墩福建建安人丁丑閏十二月初十日生己酉鄉試會春秋一房三甲觀吏部政應天溧陽知縣起復補金壇

祖溶壽官

父愷教諭

母師氏

嚴侍下

兄青 舉生員

弟常

娶潘氏

子文豊

文思

文郁

## 雷金科

公憲號潤溪福建建安人庚辰二月廿一日生癸卯鄉試會易二房三甲觀工部政起復授禮部主事陞員外

祖文照

父潘監生贈主事

母童氏贈太安人

繼母吳氏封太安人

慈侍下

兄金贊

金章俱生員

弟金昆

金和俱生員

金相

金貞

金麟

娶朱氏贈安人

繼娶楊氏

張氏俱封安人

子東海

# 徐浦

祖璉 義官
父鳳
母葉氏
慈侍下
弟泓 洄 娶祖氏 子繼芳

伯源號臺石福建浦城人癸未十二月初六日
生丙午鄉試會書三房三甲觀戶部政江西弋
陽知縣選工科陞四川僉事

# 楊棐

祖崇 按察司僉事
父敎 生員
母黃氏
具慶下
兄棠 生員 弟槃 渠
娶朱氏 子廷獻 廷猷

寘周號虹㵎福建建安人壬辰正月廿一日生
壬子鄉試會禮記一房三甲觀兵部政江西夬
江知縣陞徽州府通判南太僕丞戶部員外

興化府屬八人

## 李寅實

祖昇壽官
父詔知縣
母林氏
具慶下

于中號石壺福建莆田人甲戌十月初七日生
壬子鄉試會試二房三甲觀都察院政江西建
昌府推官起復補河間陞戶主事

兄寅肩生員 弟寅亮 寅登俱生員 寅啓 文煌生員
寅化 寅仕 寅豪 寅寀 娶盧氏 子廷秀 廷
英 廷奇 廷白

## 吳元玉

祖櫻贈通議大夫工部左侍郎
父大田通議大夫工部左侍郎
加二品服級 母徐氏累贈淑人
繼母許氏累封淑人
慈侍下

得瑩號扶崑福建莆田人乙亥三月十八日生
丙午鄉試會試二房三甲觀工部政太常博士
陞南戶員外卒

兄非熊官生 非羆上林苑監典署 弟洲璧官生 非馨
娶陳氏 子縣 旅 集

# 方萬有

祖臨 教諭

父在淵

母林氏

永感下

如初 號奎山 福建莆田人 庚辰九月廿六日生

丙午鄉試會春秋一房二甲翰林庶吉士授工

科調休寧縣丞陞徽州府推官禮部主事

兄萬戴 大順 知縣

大樂 戶部主事 萬箱 獲麟 生員 弟繼曾 生員 瀚 舉人

娶吳氏 子應侁 應倣 應倓

# 黄休泰

祖希寬

父景禮

前母徐氏

母張氏

永感下

啓大 號雲樓 福建莆田人 癸未十二月廿三日

生 壬子鄉試會書二房三甲觀戶部政廣東潮

陽知縣丙辰以拾遺止

兄休育

休復 生員 有濟 休咸 休徽 生員 弟休兆 休光

娶吳氏 子應期

## 蕭可勳

懋建 號燕山 福建莆田人乙酉九月初八日生
己酉鄉試會書二房三甲觀兵部政江西廬陵
知縣起復補浮梁陞户主事

祖仁甫
父桂 教諭
母蔡氏
繼母陳氏
具慶下

兄紹基 生員 謙 舉人 弟奇
烈 照 奇熊 俱生員 奇煌 奇烋 奇燁 奇熠 奇煜 奇烗 奇
煥 奇燦 杰 娶吳氏 子維城

## 陳志

思尚 號少淇 福建莆田人乙酉十月初四日生
壬子鄉試會書二房三甲觀吏部政行人選道

祖文濱
父叙 知府
母俞氏 贈安人
繼母翁氏 封安人
具慶下

兄愚 生員 弟憲 忠 娶方氏 子紀

# 鄭茂

士元號壺陽福建莆田人丙戌八月初九日生
癸卯鄉試會試四房三甲觀禮部政浙江海塩
知縣選兵科陞吏科右戶都

祖河
父敬道 知縣贈給事中
嫡母林氏 封太孺人
生母林氏 封太孺人
慈侍下

兄菽 蓆 蕁 藻驛丞 芾 芸御史 菁 蒞 萉省祭官 莘 藥
蓋 薦 弟艾 娶林氏 子

# 方攸績

君謙號瞻匡福建莆田人戊子六月廿一日生
壬子鄉試會書三房三甲觀工部政行人選道

祖良亦 資善大夫南京刑部尚書謚簡肅
父重恩 學生
母陳氏
具慶下

兄夢井生員 叔猷舉人 攸躋南戶部郎中 天申 攸叙
攸同生員 天祚 攸賔生員 弟攸嘉生員 天衢 攸
訓 攸箴 攸同 天佐 娶林氏 子冊

漳州府
屬五人

## 葉期遠

士敎號梅谷福建漳浦人壬申二月初六日生
庚子鄉試會易一房三甲觀户部政直隸廣平
府推官起復補南昌

祖諫
父元浩
母丘氏
慈侍下

弟期達期逵生員期繼期善　娶徐氏　繼
娶柳氏　子茂楠生員先春生員

## 林敬

確成號成齋福建漳浦人乙亥十一月初五日
生己酉鄉試會詩二房二甲觀大理政工主事
調浙江布政司經歷陞常州府通判大名府同
知

祖教知府
父貴生員
母趙氏
永感下

兄數監生歡生員　弟奴監生牧　數生員
娶吳氏　子賢　資

李湖

國祢　歸東岡福建龍溪人丙子正月十四日生

壬子鄉試會易一房三甲觀工部政行人選南道

祖有庠

父子雄

母郭氏

繼母許氏

弟森　潰　娶蔡氏　子應賓

具慶下

黃洋

魯在　歸養吾福建龍溪人己卯九月十一日生

庚子鄉試會易四房三甲觀刑部政行人選道

祖狼

父諧訓導

母顏氏

弟涵　渾　娶蔡氏　繼娶王氏

重慶下

子東　榮

# 呂旻

祖琅 生員
父景鳴 生員 封編脩
母楊氏 封太孺人
重慶下

仁甫 號滄溪 福建龍溪人 戊午閏十月十九日
生 丙午鄉試會 禮記二房 二甲 翰林庶吉士授
編脩
兄杲 生員 旦 弟晃 曇 玉
娶楊氏 封孺人 子柯

# 魏堂

承天府屬六人

祖旻
父漢
母趙氏
慈侍下

汝高 號峴山 湖廣奉祠所籍襄陽人 辛未九月
廿六日生 辛卯鄉試會 易一房 三甲 觀禮部政
浙江蕭山知縣 陞南戶主事
兄欽 釗 弟錦 鉞
娶沈氏 子傅

胡鑰

畏卿 號九皋 湖廣潜江人 戊寅六月十三日生

壬子鄉試 會詩三房 丙辰三甲 授行人

祖禎 博士

父拱明 知州

母李氏 劉氏

繼母熊氏

慈侍下

娶雷氏 繼娶王氏 子養蒙

郭嵩

叔中 號少岡 湖廣潜江人 戊寅十月十六日生

壬子鄉試 會詩五房 三甲 觀禮部政 浙江杭州

府推官 選兵科

祖璡

父世朝 貢士

母柴氏

兄崙 貢士 岱 見任鄧州知州 弟巒 岳 嵜

慈侍下

娶蔣氏 子之才 之彪

李得春

元甫號育亭湖廣鍾祥人壬午四月廿三日生
壬子鄉試會詩三房三甲觀大理政福建邵武
府推官選禮科

祖佐
父皋 生員
母錢氏
弟應春 近春 娶曹氏 子學詩
具慶下

劉侃

正言號均河湖廣京山人癸未五月初一日生
壬子鄉試會易四房二甲觀工部政戶主事起
復補本部

祖淮
父彦福
母田氏
兄保 伸 生員 弟仕 娶廖氏 子希皋
具慶下 希夔

孫鳴世
應卿 號龍峯 湖廣京山人 甲申十月十四日生
丙午鄉試 會春秋一房 二甲 觀戶部政 戶主事
起復 補兵部 陞員外郎中
祖良弼 知縣
父越 主簿 主事
母黎氏 安人
繼母何氏 安人
弟鳴時 生員 鳴謙 鳴龍 娶趙氏 封安人 子謀
重慶下
訓

武昌府
屬五人
熊坦
履道 號柳湖 湖廣興國籍通山人 甲戌五月初
九日生 壬子鄉試 會易四房 三甲 觀戶部政 廣
東新會知縣 卒
祖朝瓚 壽官
父伯峯 通判
母吳氏
兄軾 岵 生員 美 生員 岱 掌 弟訓 垣 生員
繼母舒氏
益 增 墳 娶謝氏 繼娶易氏 子
具慶下
名登

謝鵬舉

仲南號松屏湖廣蒲圻人丙子四月廿六日生

壬子鄉試會易一房二甲觀吏部政戶主事陞

祖明　員外郎中臨江知府

父寬 贈主事

嫡母王氏 封太安人

生母張氏　兄鵬程鵬升　娶全氏 封安人　子松生嶽生斗生

慈侍下

劉師頡

方回號疊峯湖廣興國州人戊寅十一月廿一

日生庚子鄉試會易一房二甲觀吏部政兵主

祖從　事陞員外郎中在告

父守敬 七品散官 贈主事

前母莊氏 贈太安人

母莊氏 封太安人　兄師頫師順師頌　弟師頎 生員

慈侍下　娶董氏 封安人　子之斗

## 雷上儒

祖葦 教官
父敬
母游氏
具慶下

應聘 號楚岳 湖廣嘉魚人 甲申七月廿一日生
丙午鄉試 會易二房 三甲 觀兵部政 選復授戶
主事

弟尚友 娶李氏 子鯨 鮭

## 鄧廷猷

祖澄
父友信 贈主事
母湯氏 封太安人

慈侍下

汝嘉 號月泉 湖廣蒲圻人 甲申十二月廿二日
生 丙午鄉試 會詩一房 二甲 觀禮部政 戶主事
陞員外郎中 建昌知府

兄廷策 生員 弟廷佩 廷儒 廷序 廷訓 廷弼
娶呂氏 封安人 子貫 賚

黃州府屬八人

## 趙教

子學號紫谿湖廣麻城人庚午三月廿二日生
已酉鄉試會春秋一房三甲觀大理政四川遂
寧知縣陞刑主事改兵部

祖世永
父時相
母汪氏
永感下

兄政　弟地生員　娶梁氏　子文命

## 錢邦偁

叔美號合川湖廣蘄水人癸酉九月初十日生
庚子鄉試會春秋二房三甲觀吏部政起復授
戶主事

祖重器
父貢府同知加贈
母吳氏贈太安人
慈侍下

弟邦似　邦伊俱生員　娶周氏　子承斗

## 朱袗

汝襄號浠桂湖廣蘄水人乙亥七月初九日生

壬子鄉試會易四房三甲觀吏部政行人選南道

祖玉珊

父奎

母姚氏

具慶下

弟表 生員 祚 娶張氏 子期垂 期恒

## 孫喬

子遷號木齋湖廣廣濟人丙子二月十四日生

丙午鄉試會易一房三甲觀吏部政起復授戶主事卒

祖英 知縣

父萬善

母陳氏

具慶下

弟高 生員 娶寇氏 子繼初 繼祚 繼芬

| | |
|---|---|
| 瞿晟 | 景明號蓮川湖廣黃梅人丙午十一月初十日 |
| 祖璺 | 生己酉鄉試會詩二房二甲觀戶部政戶主事 |
| 父廷桂贈主事 | 陞員外郎中直隸廣平知府 |
| 母王氏贈太安人 | |
| | 兄旦　昉　時 |
| 永感下 | 弟星舉人　昉　昇　顯　易　娶楊氏贈安人　繼娶王 |
| | 氏封安人　子九思　九官 |

| | |
|---|---|
| 劉湅 | 汝宗號仁村湖廣麻城人壬午十二月三十日 |
| | 生壬子鄉試會春秋二房三甲觀都察院政四 |
| 祖湖封郎中 | 川富順知縣起復補直隸成安縣 |
| 父天鵬 | |
| 母江氏 | |
| | 兄渠生員　弟洙監生　逕　渭　娶桂氏 |
| 具慶下 | 子守魯 |

## 周思久

祖文介 驛丞

父麓 主簿

嫡母趙氏

母黃氏

具慶下

子敬 號柳塘 湖廣麻城人 丁亥八月十五日生

壬子鄉試會書一房三甲觀大理政直隸江都

知縣陞兵主事員外

弟思大 生員 娶洲氏

子

## 顧闕

子良 號桂巖 湖廣蘄州人 戊子四月初六日生

己酉鄉試庚戌會書二甲觀刑部政刑主事

祖宗儒

父敎 儒官

母陳氏

具慶下

兄問 布政司參議 閎 弟闌 娶劉氏 繼娶李氏

子大訓

漢陽府
學二人

曾廷芝

祖紹洹
父貴
母羅氏

端卿號一川湖廣漢陽人丙子四月十九日生
巳酉鄉試會詩二房三甲觀大理政山東昌邑
知縣選工科

慈侍下

兄廷選　娶張氏　子三省三畏三策

蔡結

國凝號龍屏湖廣漢陽人甲申二月三十日生
巳酉鄉試會詩一房三甲觀戶部政江西東鄉

祖謐通判
知縣謫臨海選道

父莊
母蕭氏

永感下

兄纘　鑾　錢舉人　弟緹　娶吳氏　子鉄

德安府
[illegible]四人

## 陳德騄

房南號樵陽湖廣應城人乙亥正月初八日生
癸卯鄉試會書四房三甲觀刑部政直隸建平
知縣陞大名府同知卒

祖鍊 通判
父善士
母楊氏 兄德騤生員 弟德駿貢士
繼母趙氏 德騤德驤德騫生員德駕
慈侍下 娶張氏 子容雅容雝

## 祝乾壽

健卿號斗南湖廣應城人己卯十一月十九日
生己酉鄉試會易三房三甲觀戶部政直隸嵐
山知縣起復補曲周選道卒

祖釗
父子信
母鄭氏 兄介壽彭壽椿壽喬壽延壽
俱生員 弟坤壽生員 娶張氏 繼娶謝氏
具慶下 子汝夔汝皋汝淵

周啟大

自徵 號齋石 湖廣應城人 乙酉七月初二日生
壬子鄉試會易四房三甲 觀戶部政 浙江蘭谿
知縣 選禮科 間住
祖獎 典史
父尚承
母陳氏
具慶下
兄繼𢫫 貢 弟學 生員 娶吉氏 子登東 蘆東

楊芷

文植 號沁泉 湖廣安陸人 丙戌五月十五日生
壬子鄉試會易二房三甲 觀禮部政 直隸吳江
知縣 陞南户主事 調兵部 陞員外郎中
祖和 通判
父東浙 縣丞
母梁氏
生母魏氏
慈侍下
兄芹 娶左氏 子惟元

荊州府屬二人

## 葛慈

伯止號少愚湖廣江陵人丁丑正月初二日生
壬子鄉試會春秋二房三甲觀吏部政江西豐城知縣起復補濬縣陞河間府同知

祖清脩
父禮
母陳氏
嚴侍下
弟天兜天流　娶黃氏　繼娶謝氏　子
師亮師恪

## 王其勤

時敏號少月湖廣松滋人辛卯八月初七日生
壬子鄉試會書二房三甲觀工部政直隸無錫知縣陞南戶主事兵員外郎中

祖相之府同知
父天章生員
母李氏
弟其贊生員　娶胡氏　子
重慶下

襄陽府
劉一人

劉存義

貫卿 號漢樓 湖廣襄陽衛人 癸未十月廿一日
生 丙午鄉試會試詩三房三甲觀兵部政浙江平
湖知縣選道

祖 鍾 縣丞
父 大經
母 馮氏
兄 存仁 娶 喻氏 子
具慶下

岳州府
劉一人

易道談

進明 號洞皐 湖廣巴陵人 壬申七月初一日生
壬子鄉試會試書一房三甲觀戶部政直隸太平
知縣調錢塘陞戶主事

祖 孟格
父 滋
母 龔氏
兄 道緰 生員
弟 道魯 舉人 道爽 生員 道合 道俠 娶 何氏
慈侍下
繼娶 趙氏 子 逵 越

長沙府

屬二人

李廷龍

祖道明 州判

父鵬 生員

母蘇氏

永感下

德化號麓南湖廣湘陰人壬申正月廿日生壬

子鄉試會易三房三甲觀刑部政直隸徽州府

推官選道

兄廷佐　娶宋氏　子照 生員 默 勲

王學顏

祖琦 知縣

父相 訓導

母張氏

嚴侍下

少潛號會沙湖廣湘潭人庚辰五月初六日生

癸卯鄉試會易一房二甲翰林庶吉士起復校

編脩陞廣東提學僉事

弟學曾 學孟 學周 學朱　娶楊氏　繼娶史

氏　子泰淳

衡州府
屬一人

劉堯誨 君納號凝齋湖廣臨武人壬午八月廿八日生
癸卯鄉試會詩四房三甲觀吏部政江西新喻
知縣選南刑科在告

祖文相 教諭
父明東 縣丞封給事中
母陳氏 封太孺人
具慶下
兄堯訓 弟堯試 娶羅氏 子舜揆

常德府
屬一人

柳東伯 孟卿號桐陽湖廣武陵人丙戌八月初十日生
丙午鄉試會書三房三甲觀刑部政河南葉縣
知縣調浙江慈谿縣謫雲南定邊典史陞長洲
縣以打行獄變止

祖應辰 州同知
父繪
母文氏
兄東生東作 生員
重慶下
弟東條東仲 娶金氏 子虎祥

辰州府
屬一人
祖志昱 省祭
父益
母張氏
繼母瞿氏
具慶下

# 向淇

子瞻 號望山 湖廣沅陵人 癸酉九月十八日生
癸卯鄉試會詩五房三甲觀工部政直隸邯鄲
知縣陞南刑主事員外郎中
兄濬 澤 弟灝 淳 沚 治 娶劉氏
子長壽

鄖陽府
屬一人
祖淮 義官
父昕
母左氏
重慶下

# 溫如玉

孟純 號少谷 湖廣鄖縣人 戊子六月十八日生
己酉鄉試會書四房三甲觀通政司政行人
弟如春 生員 如泉 如璧 如璽 娶鍾氏
繼娶鍾氏 子

四川省二十四人

成都府屬八人

## 何全

原學號鳳野四川儀衛司籍溫江人乙丑五月十四日生乙酉鄉試會易三房三甲觀工部政直隸常州府推官陞禮主事工員外貴州僉事

祖魁

父永昇

母鄒氏

兄金 弟介 畲

僉企 舍 娶沈氏 繼娶李氏

子存敬存教存叙存效存徵

永感下

## 周遜

德脩號五津四川茂州衛人乙丑六月廿五日生甲午鄉試會易三房丙辰二甲在告住省城

祖晟知縣

父武

嫡母王氏

生母曾氏

弟述 選

永感下

娶常氏 子景達景造

## 劉僉

克甫號松峨四川簡州人庚午九月廿二日生

丙午鄉試會易一房三甲觀吏部政都察院辦事起復補

祖勛國子生

父易

前母楊氏　母錢氏　繼母王氏

慈侍下

娶陳氏

子蜀俊生員　蜀才　蜀望　蜀彥　蜀傑　蜀贇

兄台　欽　弟翕

## 桂嘉孝

純甫號少江四川成都人壬申十月初五日生

丙午鄉試會春秋二房二甲觀戶部政兵主事

陞員外郎中福建漳州知府

祖茂之叅政

父珠知縣贈主事

母莊氏

繼母楊氏俱贈太安人

永感下

兄嘉義　嘉謨　嘉猷生員　嘉忠生員　嘉賓　弟嘉濂

娶張氏封安人

子偉　俊　价　僎

## 金深

孔志 號緋江 四川綿州人癸酉四月初一日生
庚子鄉試會書一房二甲觀工部政在告

祖獻民 兵部尚書
父皐 詹事府右春坊贊善
母王氏 封孺人
慈侍下

弟濟 同科舉人 沂 瀲 海 灊 溥 漢 湘 俱生員 沛 澍
娶陳氏 子維鈺

## 張求可

中甫 號槐麓 四川內江人甲戌十二月十一日
生丁酉鄉試會易四房三甲觀都察院政湖廣
石首知縣起復補滑縣

祖拱 郎中
父璵
母朱氏
慈侍下

兄適可 隣可 弟見可 生員 其可 行可 進可 暮
可 永可 孚可 仕可
娶楊氏 子祐溥 生員
祐肯 生員

何察 聯甫號適山四川温江人癸未正月十四日生
丙午鄉試會書三房三甲觀吏部政直隸績溪知縣陞福建福寧知州卒
祖漢宗 按察司副使
父世昂 兵馬
前母李氏 兄賡寅宜 典膳 裔宇寬甯 訓導 宣曲 膳 完 縣丞
母程氏 案寧 生員 宏 舉人 弟憲 生員 寵守 生員 宸
慈侍下 娶温氏 子其濂其温其淳其潔

宋繼祖 汝孝號雲麓四川漢州人丙戌十二月十五日
生壬子鄉試會易一房三甲觀通政司政浙江
祖海 定海知縣陞工主事員外河東運同
父廷洼
母吳氏
繼母張氏 弟光祖興祖揚祖繩祖 娶蔡氏 子守愚
重慶下 守拙

順慶府　子寶號培亭四川南充人己卯正月十五日生
屬一人　**杜時芳**　癸卯鄉試會詩三房三甲觀戶部政直隸華亭
祖思榮　知縣止
父立
母何氏
繼母郝氏　弟聯芳　娶王氏　子律
重慶下

重慶府　伯雄號鳳皋四川長壽人戊寅六月廿六日生
屬五人　**楊世第**　壬子鄉試會詩四房三甲觀戶部政湖廣黃岡
祖琦歷府經　知縣起復補金華縣止
父廷宗
嫡母鄭氏
生母佘氏　娶冉氏　子乾亨蒙亨
慈侍下

祖翼 壽官
父賁漢
母鄔氏
具慶下

# 張國琮

廷重號懷覃四川永川人庚辰十二月初三日
生丙午鄉試會書一房三甲觀吏部政兵主事
陞工部採木郎中

弟國璡國鄉生員 娶崔氏 繼娶宋氏
孫氏 子啓乾啓蒙

祖英
父茂松
母王氏
具慶下

# 李伯生

午元號存齋四川巴縣人壬午六月初十日生
巳酉鄉試會易二房三甲觀禮部政浙江餘姚
知縣調江西新城再調淶水陞南評事

兄肇生 娶王氏 子永芳聯芳同芳

## 劉起蒙

祖春 太子太保禮部尚書太學士謚文簡

父廷年 禮部郎中

母鄭氏 封孺人

具慶下

養之號岷源四川巴縣人癸未十一月十七日

生己酉鄉試會書二房三甲觀通政司政直隸

揚府推官卒

兄起宗 湖廣提學副使 起東 官生 弟起敬 同科舉人 起江 生員

娶楊氏 繼娶吉氏 子

## 羅廷唯

祖鏊 學正贈戶部主事

父洪載 戶部員外郎

嫡母龍氏 封安人

生母張氏

慈侍下

曾甫號貫溪四川永川人丙戌正月十三日生

壬子鄉試會書四房三甲觀禮部政直隸棗強

知縣選道卒

弟廷吉 廷哲 廷合 廷名

娶陳氏 繼娶李氏 子易林 翔林 鄧林

叙州府 字修號迎江四川宜賓人辛未十一月初九日

屬五人 生癸卯鄉試會詩五房三甲觀刑部政江西新

**杜完**

祖崇 建知縣陞户主事

父軫 贈主事

前母唐氏 贈太安人

母田氏 贈太安人 兄容 貢生 寀 生員 賓 官 寵 娶董氏 封安人

永感下 子錦麟 錦堂

**謝朝錫**

憓邦號龍岡四川富順人戊寅七月廿九日生

癸卯鄉試會詩三房三甲觀刑部政中書舍人

祖金海 卒

父鳴豸

母丁氏

弟朝聘 生員 朝璽 娶金氏 子

重慶下

熊迴

祖仕燾

父戭

前母李氏

母凌氏

慈侍下

叔遠號南墩四川富順人辛巳三月廿二日生

己酉鄉試會試四房三甲觀刑部政浙江德清

知縣起復補陝西三原

兄暹丙戌進士達奐膳通過禮部郎中弟進生員娶舒氏

繼娶王氏子惇葉惇敏惇誼惇譙

羅嘉賔

祖昺教諭

父舜臣封給事中

母周氏封太孺人

重慶下

巽贊號一山四川宜賔人辛巳十一月初七日生

生己酉鄉試會試三房三甲觀吏部政直隸順

上知縣選刑科陞禮科右

弟用賔生員大賔娶徐氏封孺人子布顏布曾

布恩布孟

# 樊垣

祖頓
父才良 聽選官 封主事
母龔氏 封太安人
具慶下

伯師 號松坪 四川宜賓人 己丑五月廿八日生
壬子鄉試 會試詩四房 三甲 觀兵部政 直隷句容
知縣 陞南戶主事 員外 郎中

弟翰 衛 俱生員
娶張氏 封安人
子

# 王詠

嘉定州
屬二人

于詩 號杜陵 四川嘉定州人 戊子十月二十一
日生 壬子鄉試 會試書三房 三甲 翰林庶吉士 改
授湖廣道 陞河南僉事 江西參議

祖守山
父拱極 生員
母童氏
慈侍下

兄讓 生員 弟諫 講 譜 諒 俱生員 誠
娶周氏
子之義 之道

## 苟延庚

季壽號麟洲四川峨眉人甲午十二月廿五日
生壬子鄉試會春秋一房三甲觀通政司政大
理評事陞寺副

祖祿 知事
父勛 教授
嫡母向氏
生母伯氏
慈侍下

兄延嗣 生員 弟延世延會延芳 娶董氏
子

## 蘇景和

瀘州
屬三人

叔宣號龍巖四川瀘州人丁亥七月初二日生
壬子鄉試會書二房三甲觀工部政江西袁州
府推官選戶科

祖政
父顯榮
前母楊氏
母楊氏
具慶下

弟景晃景明 娶桂氏 子欽 鐸

## 朱茹

祖璸 贈工部員外郎
父子恭 布政司左參議
母郭氏
具慶下

以熏 號泰菴 四川瀘州人 己丑十一月十七日生 己酉鄉試 會禮記一房 三甲 觀都察院政 河南新蔡知縣 陞華州知判 工員外

兄英 生員 洰 藻 按察司副使 芮 棻 蕃 蕡 生員 莘 蕚 生員 芷 蔣 艾 蓋 生員

弟芹 莒 俱生員

娶李氏 子世遠

## 曾震

祖璠 經歷
父士交 舉人
母唐氏
具慶下

汝東 號源川 四川合江人 癸巳正月廿六日生 壬子鄉試 會易四房 三甲 觀兵部政 應天漂水知縣 陞兵主事

兄曦 曉 明 俱生員

弟益 晋 俱生員 升 巽 萃

娶任氏 子學孔

山東省二十六人

濟南府屬五人

曾鎰

萬甫號內菴山東德州衛籍江西興國人乙亥四月十四日生癸卯鄉試會書四房二甲觀吏部政工主事陞員外郎中寧波知府

祖淳

父乾 封主事

母王氏 封太安人

具慶下

弟鑌 鈳 銓 娶宋氏 封安人 子傳習

田三戒

子慎號中泉山東德州人丙子十二月廿日生丁酉鄉試會詩四房三甲觀刑部政起復授户主事卒

祖晥

父禹民 庠生

母焦氏

具慶下

兄三畏 弟三省 娶宋氏 子高

崔孔昕

晉明 號暘谷 山東濰州人 壬午九月十九日生

己酉鄉試 會試一房 三甲 觀都察院政 直隸鎮江府推官 調湖廣黃州

祖 郁 巡檢

父 敦 生員

母 尹氏

慈侍下

兄孔元 孔昭 生員 孔暘 孔時 生員 孔黃 孔昉 俱生員

弟孔曜 生員 娶石氏 子出提 出璧

吳思敬

德欽 號懷川 山東德州衛人 乙酉八月十九日生

己酉鄉試 會試二房 三甲 觀兵部政 河南臨漳知縣 陞都察院都事

祖 善

父 釗

母 沈氏

慈侍下

兄思忠 娶馬氏 子世芳

祖鐸
父相
母趙氏

潘子霓
望甫號鶴汀山東群牧所人乙酉九月廿四日
生己酉鄉試會詩五房三甲觀戶部政行人陞
戶主事

具慶下
兄子兩舉人　子震生自娶李氏　子

兗州府
屬五人
張志孝
永錫號龍洲山東濟寧人丙子十二月廿五日
生丙午鄉試會易一房二甲觀戶部政兵主事
陞員外郎中起復補

祖昇
父淮
嫡母李氏
生母趙氏
慈侍下
弟志德　娶羅氏　繼娶羅氏　子維禎
維翰維屏

丁盛世

祖泰

父克明 訓導

母劉氏

具慶下

弟治世 安世　娶張氏　子時炤 時煒 時焯

時熈

子逢號東泉山東壽張人丁丑八月十四日生

癸卯鄉試會試禮記一房三甲觀吏部政工主事

成守節

祖昭 壽官

父良卿

母國氏

慈侍下

子安號甘齋山東曹州籍山西太谷人辛巳十一月初三日生己酉鄉試會試詩四房三甲觀兵部政河南扶溝知縣起復補元氏

兄守復 舉人 守業

守恒 生員 弟守身 舉人 守順 生員 守家 守素

守良　娶張氏　子沛

侯祁

應文號望海山東鄆城人癸未八月初四日生
己酉鄉試會易一房三甲觀通政司政直隸深
澤知縣陞兵主事

祖相 義官
父勍
母徐氏
具慶下
兄郡 遇 生員 郊 弟郯 郜 鄖 生員
娶劉氏 子懋官

李科

志道號會山山東東平州人丙戌十月廿六日
生壬子鄉試會詩四房三甲觀禮部政河南杞
縣知縣調江都陞吏主事

祖幹
父達
母鄧氏
具慶下
弟一本 生員 世元 娶畢氏 子燦 煒

東昌府
屬四人

杜璿

子重號靜泉山東丘縣人乙亥十二月廿一日
生己酉鄉試會詩三房三甲觀兵部政河南扶
溝知縣辛

祖文學
父德用
母李氏

弟璉　燦生員　娶楊氏　子枝蕃生員　枝暢

慈侍下

祝堯煥

德徽號華峯山東濮州人庚辰十一月初三日
生壬子鄉試會詩五房三甲觀吏部政行人選
南道

祖安
父志皐壽官
前母溫氏　劉
氏　母姜氏

兄堯民　弟堯臣　堯卿　娶張氏　子

永感下

## 王察言

師舜 號歷田 山東朝城人 辛巳七月初九日生
己酉鄉試 會詩二房三甲 觀刑部政 直隸曲周
知縣 調嘉善 陞南刑主事

祖雄 贈御史
父應 監察御史
嫡母趙氏 封孺人
生母衷氏
具慶下

弟容 宮 蓋 並生 娶尹氏 子岱齡

## 楊世鳳

應韶 號桂林 山東臨清衛籍 山西絳州人 辛巳
十二月廿五日生 己酉鄉試 會詩二房三甲 觀
大理政 河南河內知縣 選遣卒

祖璧
父巍
母王氏
慈侍下

兄世鸞 娶李氏 子

青州府
屬四人

徐耀宗

樾贇號撫齋山東蒙陰人丁丑三月初五日生
癸卯鄉試會禮記一房三甲觀都察院政直隸
祖衎知州　保定推官卒
父敔　嫡母崔
氏　張氏　繼　兄企宗繼宗敬宗正
母秦氏　生母宋　生員　弟林宗朝宗可宗統宗
楊氏　具慶下　娶李氏　繼娶王氏　子安宅

張翼吉

子繹號竹亭山東益都人戊寅正月十一日生
庚子鄉試會易二房三甲翰林庶吉士改授浙
江道謫清豐縣丞陞　推官兵主事調吏部
祖鵬　知縣
父嘉禾　恩例儒官　在告
母黃氏
繼母馬氏　兄脩　生員　弟秉願　生員　娶劉氏　子約
永感下

# 周滋

祖禎
父臣 儒官
母董氏
慈侍下

伯霖號海莊山東青州左衛籍諸城人己卯十
二月十二日生癸卯鄉試會詩四房三甲觀工
部政行人選道陞徽州知府

弟濡 生員 津 生員 泗 洋 娶晉氏 子梃
標 生員

# 劉鄘

祖鎧 生員
父承學 知州
母郝氏
具慶下

公韞號懷滄山東壽光人甲申四月十一日生
丙午鄉試會書一房三甲觀通政司政直隸寶
坻知縣陞户主事

兄庇 生員 弟序 生員 慶 曆 娶張氏 繼
娶郝氏 子桀

萊州府

屬八人

# 杜棟

孔材 號戒菴 山東即墨人 乙亥二月廿六日生

己酉鄉試 會詩五房 三甲 觀吏部政 起復 授兵

祖希仁

主事

父誌

母劉氏

具慶下

兄桂 椿 檜生員 娶藍氏 子子瞵

# 管嘉福

延甫 號礪山 山東高密人 乙亥十二月初七日

生 庚子鄉試 會易四房 三甲 觀吏部政 應天府

六合知縣 起復 補鄢陵

祖恩 壽官

父九雲 開州學正

母王氏

兄嘉禎 吏部主事 嘉祐 生員 弟嘉祥 生員 嘉祉 嘉謨

嚴侍下

嘉儒 生員 嘉行 嘉樂 娶李氏 繼娶劉氏

子一元 二元 三元 四元

黄作孚

祖昭

父正

母時氏

慈侍下

汝從號認齋山東即墨人丙子二月廿四日生

丙午鄉試會易三房三甲觀兵部政山西高平

知縣止

兄作肅　第作哲作塈作森　娶孫氏　子

應善錫善師善

王漸

祖興

父銳監生

母譚氏

慈侍下

斯進號岸泉山東濰縣人丙子九月廿五日生

壬子鄉試會書三房三甲觀兵部政河南嵩山

知縣退道

兄潛　瀊生員　娶陳氏　子來蕃來蔵來芑

來匙

# 李邦魁

孟元 號西濰 山東高密人 己卯二月十八日生
癸卯鄉試 會易二房 三甲 觀都察院政 直隸唐山知縣 卒

祖寔 訓導
父鍾壼 儒官
母宮氏 繼母
儀氏
嚴侍下
娶單氏
子含芳 敷芳

# 王文政

道行 號平東 山東濰縣人 乙酉二月初八日生
丙午鄉試 會詩二房 三甲 觀工部政 直隸藁城知縣 止

祖臣
父佐
母經氏
具慶下
兄文粹 舉人 文德 弟文獻 爽 治
娶丁氏 子慎思 慎言

# 劉祐

叔脩 號拙齋 山東掖縣人 丙戌正月十一日生
己酉鄉試會詩二房三甲觀都察院政 直隸真
定府推官選兵科

祖真
父廷珮 省祭官
母官氏
具慶下

弟祚 娶徐氏 子鶴年

# 姜繼曾

守約 號省吾 山東膠州人 丁亥十月廿三日生
壬午鄉試會禮記一房三甲觀工部政 行人選
道

祖葉 壽官
父光宿 歲貢生
母武氏
具慶下

兄繼孟 生員 繼顏 弟繼尹 繼夷 繼齊 繼稷
娶韓氏 子學禮

# 山西省二十二人

## 張鵬

太原府蔚州人

子博號小山山西平定守禦千戶所人甲戌九月十三日生辛卯鄉試會書四房三甲觀工部政山東益都知縣止

祖文淵訓導

父廷詔知縣

母魏氏

慈侍下

弟鵾生員

娶田氏 繼娶趙氏 安氏

全氏 子勳 劼

## 喬應光

中實號艮齋山西石州人丁丑十月廿一日生

庚子鄉試會易二房三甲觀刑部政大理寺評事陞寺副寺正陝西僉事

祖瓘兵馬

父遷生員封評事

母張氏贈太孺人

嚴侍下

兄應奎

娶辛氏 繼娶蘇氏封孺人 子芝

## 曹科

叔四歸水峪山西寧鄉人辛巳十月廿二日生
壬子鄉試會試二房三甲觀工部政直隸玉河
知縣陞戶主事

祖志廣

父布周 監生

母楊氏

慈侍下

兄登 弟種 秩 娶王氏 子瑛

## 李希洛

宗程號一齋山西太原左衛籍直隸江都人癸
未四月初七日生丙午鄉試會易一房三甲觀
工部政直隸昌黎知縣調渭南選科

祖瑛

父鎮 八品職官

前母臧氏

母張氏

慈侍下

兄希濂 通判 娶王氏 繼娶蘇氏 子株

根

# 王治

本道號心菴山西忻州人甲申三月十九日生壬子鄉試會書一房三甲觀戶部政行人起復補行人

祖聚奎 衛事

父鎰 生員

母榿氏

重慶下

弟浩 漸 洛 洲 汀 澥　娶張氏

子茂松

# 劉鳴陽

應明號月岩山西孟縣人甲申十一月廿六日生丙午鄉試會書二房三甲觀吏部政直隸高陽知縣陞戶主事止

祖經

父廷璽 儒官

前母韓氏　母張氏　繼母龔氏

嚴侍下

弟鳴竹鳴陰鳴謙　娶王氏

子伸信伸義伸志

## 甄敬

祖鏞 封中書舍人

父域德 南京兵科給事中

母馬氏 封孺人

重慶下

手一縣龍庄山西平定州人戊子十月初八日

生壬子鄉試會書四房三甲觀戶部政直隸父

名知縣選道

弟敬 數生員 枚生員 敦 娶曹氏 子繼

## 劉得寬

平陽府

屬九人

祖雅 生員

父鐵

母張氏

慈侍下

試

幼平縣登山山西安邑人丙子五月十二日生

壬子鄉試會試詩五房三甲觀戶部政陝西咸陽

知縣調伊陽

兄從寬舉人 擴寬 娶謝氏 繼娶張氏

常氏 子泰賜國職教昆能民東氏

## 王宗舜

祖懋壽官

父澄訓導

前母盧氏

母張氏

具慶下

用中號耕山山西聞喜人己卯十月廿二日生

壬子鄉試會春秋二房三甲觀大理政河南衛

輝府推官選南道

兄宗夏宗孔宗堯舉人宗

孟生員弟宗禹宗湯宗文生員宗武娶李氏

予廷楊廷獻廷對廷講廷表

## 馮舜漁

祖從政知縣

父綍訓導

前母王氏

母鄭氏

慈侍下

澤甫號澤山山西蒲州人癸未十一月十二日

生己酉鄉試會禮記一房三甲觀戶部政山東

臨淄知縣調常熟陞戶主事

兄舜申州府同弟舜陶生員娶趙氏　子淪

## 李如松

祖九卿 封文林郎

父復初 按察司副使前御史

母郭氏 封孺人

具慶下

子茂號少霍山西洪洞人乙酉閏十二月初二日生癸卯鄉試會易三房二甲觀通政司政山東德州知州卒

兄如梅國子生 弟如椿如楩如楷如桐如柟

娶韓氏 子敬脩

## 張四維

祖誼

父允齡

母王氏

具慶下

子維號鳳磐山西蒲州人丙戌五月十二日生己酉鄉試會易主房二甲翰林庶吉士授編脩起復補編脩

弟四端四教四事生員四象四術四輔

娶王氏 子甲徵

## 趙桐

汝陽　號嶧山　山西絳州人　丁亥三月廿四日生
壬子鄉試　會書一房三甲　觀都察院政　陝西富
平知縣止

祖　統
父　玭
母　馮氏
具慶下
娶毛氏　繼娶靳氏　子　熠

## 徐節

和卿　號頤齋　山西臨汾人　己丑十月廿三日生
己酉鄉試　會詩五房三甲　觀吏部政　以國威起
復授泰安知州　陞蘇州府同知

祖　確　散官
父　息
前母　安氏
母　周氏
具慶下
弟　策　簡　娶亢氏　子

何東序

祖廷璋

父尚德府同知加封奉直大夫

前母王氏贈太安人

母潘氏封太安人

崇教號肖山山西猗 八辛卯十月廿八日生

壬子鄉試會春秋一房三甲觀戶部政戶主事

陞員外郎中回勘

兄東璧監生弟東觀東麟東膠東鳳東嶼

娶薛氏 子

李瑤

祖素

父成郊儒官

母孫氏

嚴侍下

温甫號栗軒山西解州人癸巳正月廿二日生

壬子鄉試會禮記二房三甲觀工部政陝西蒲

城知縣止

兄瑞 珍 琥 娶丘氏 子

澤州　李春芳　元實號鳳岡山西沁水人庚辰十二月初三日
屬一人　生癸卯鄉試會詩一房三甲觀都察院政陝西
祖雄　盩厔知縣選兵科
父价 貢上
母張氏
弟良士 生員 良相 繼芳 時芳 良臣　娶牛氏
具慶下　子滋 汀 沾 濟 渥

沁州　張九功　惟叙號繼源山西沁州人戊子七月十八日生
一人　壬子鄉試會詩一房三甲翰林庶吉士授河南
祖好古 監生贈御史　道
父鵬 大理寺寺丞前御史
母周氏 封孺人
兄九思 九韶 貢 俱生 九經 武舉 弟九式 監生 九儀
具慶下　九德 九皋 俱生 自　娶劉氏　予

潞安府

屬四人

崔宗兗

治欽琫年儒山西長治人壬申六月初六日生

丁酉鄉試會試五房三甲觀都察院政直隸國

祖友能 壽官

安知縣調 州判陞 推官潼川知州

父朝佐 教諭

母王氏

繼母原氏

弟宗孔 洙 貞 娶張氏 繼娶韋氏 韓氏

具慶下

子繼勳 紹勳 繼功

崔大德

子讌琫臨溪山西長治人癸酉七月廿六日生

庚子鄉試會試一房二甲觀禮部政河南鄢陵

祖鑄

知縣起復補饒陽

父鶴 前

母閻氏 趙氏

母翟氏

兄大用 大賓 大本 弟大齊 娶沈氏 子

慈侍下

先齡 慶安 堯勳

## 郭士璽

右卿號小峯山西壺關人丙戌四月廿日生己
酉鄉試會試四房三甲觀禮部政直隸丹徒知
縣陞太倉知州止

祖琦散官
父儒省祭
母徐氏
弟士秀士選士望士進士爵　娶徐氏
具慶下　子

## 路王道

汝遵號坦齋山西屯留人戊子八月初一日生
丙午鄉試會試三房三甲觀戶部政直隸南樂
知縣起復補臨漳

祖聰陰陽官
父棟材
母陳氏
弟周道　娶鄭氏　子承恩承賜承慶
具慶下

陝西省十九人

西安府
劉十四人

馬自強

體乾號乾菴陝西同州人癸酉十一月初二日生
庚子鄉試一名會春秋五房三甲翰林庶吉士授檢討
祖通 知縣贈文林郎
父琢 究平縣丞封檢討
母李氏 加贈太孺人
繼母張氏 封太孺人
兄秉中 驛丞 附監生 驗丞
堂 生員 自芥 訓導 萬 自勉 生員 弟 自脩 自進 自省
具慶下
鑑道 生員 娶李氏 封孺人 子澤 德

李從教

伯勉號臨郊陝西同州人癸酉十一月初六日生
己酉鄉試會詩五房三甲觀通政司政直隸
涿州知縣調歸安陞戶主事
祖軌
父巘
母曹氏
弟德 訓 經 雍 增生 從依 生員 從繩 伊
具慶
娶賈氏 子 惟書 元吉

張守道 希賢號涇曲陝西涇陽人癸酉十二月十九日
生庚子鄉試會試詩一房三甲觀都察院政起復
授戶主事

祖淇
父綵
母强氏
具慶下

兄守愼守寅守欽 弟守朋守元守祐宰道宗
道生員宏道寄道生員崇道 娶邢氏 繼
娶邢氏 子汝翰汝翮汝習

孫一正 樸卿號鄠田陝西渭南人甲戌午月十六日生
庚子鄉試會試禮記五房三甲觀工部政起復授
戶主事

祖景陽
父爵
母閻氏
慈侍下

弟一眞一識生員一貫 娶李氏 繼娶郭
氏 子瑞

## 孟重

祖聰

父守陽

繼母王氏

[illegible]氏

具慶下

汝器　號豐麓　陝西渭南人　乙亥十月十二日生

庚午鄉試會禮記一房三甲觀戶部政河南內

始知縣調錢塘起復補渭縣陞兵主事

孔羽　娶郭氏　子學孔　問孔　思孔　辦孔　行

孔

## 南軒

祖金　教諭加贈戶部郎中

父逢吉　提學副使

母李氏　封安人加贈太安人

具慶下

叔後　號陽谷　陝西渭南人　丁丑正月十五日生

丁酉鄉試會易一房二甲翰林庶吉士起復改

授吏主事陞員外

弟轅　軫　轔　貢監生　娶裴氏　封安人　子學仲　學炳

舉翮

王棻

惟勤 號雨川 陝西高陵人 戊寅九月十一日生
癸卯鄉試 會 春秋一房 三甲 觀禮部政 山東肥
城知縣 調文安 止
祖琦
父仲仁 教諭
母權氏
重慶下
弟聘 莊 芝 統 娶孫氏 子養心 養
性

王惟寧

子靜 號栢亭 陝西興平人 壬午三月十一日生
己酉鄉試 會試五房 三甲 觀兵部政 山東陽信
知縣 陞山西解州知州 戶部員外 山西僉事
祖文達
父官
嫡母趙氏
生母韓氏
具慶下
弟惟[illegible] 娶李氏 繼娶張氏 子翔

李瑜

字純號秀峯陝西三原人壬午五月初六日生
癸卯鄉試會書二房三甲觀兵部政山西安邑
知縣選吏科

祖文通
父宗海
母張氏
慈侍下

兄珍官肴 棨 玠生員 娶張氏 子克恭克壞克
勤克儉

羅廷紳

字公書號小山陝西淳化人壬午十一月廿七日
生丙午鄉試會書三房二甲觀工部政户主事
陞員外郎中保寧知府

祖九霄壽官
父中大封主事
母劉氏封太安人
具慶下

兄廷繡右通政 弟廷緒廷纁生員廷傑生員
娶呂氏封安人 子

秦可大

仲修號杜村陝西咸寧人中中正月廿　日生
癸卯鄉試會書三房三甲觀刑部政山東東光
知縣起復補光山

祖福 贈府同知
父登 左長史郎四品服色
母解氏 贈宜人
繼母賀氏 封宜人
具慶下
兄可久 舉人 弟可真 可觀 可繼 娶胡氏
繼娶邢氏 子勺

魏學曾

惟貫號確菴陝西紫陽籍涇陽人乙酉十二月
廿日生丙午鄉試會詩一房三甲觀通政司政
起復授戶主事貟外

祖瑧
父守燦 贈主事
母何氏 贈太安人
兄學顏 生員
弟學思 舉人 學孟 生員 學閔 學楨 學張
慈侍下
娶任氏 贈安人 繼娶李氏 封安人 子知侍

## 葛大紀

伯理號龍峪陝西潼關衛人丁亥十一月十八
日生己酉鄉試會書一房三甲觀工部政河南
郏縣知縣調上海陞南戶主事

祖亮 地旗
父蔓
母李氏
具慶下
兄大綱 娶張氏 子敏

## 王學謨

字櫆號河汀陝西朝邑人己丑十一月廿五日
生壬子鄉試會詩一房三甲觀大理政山西太
谷知縣陞南戶主事

祖崑
父世卿
母梁氏
兄學詐 舉人
具慶下
弟學誠 岳 自學 吉 舉人 學詰 學仕 學誦 弟學讓
兄行學謙 娶楊氏 子家變

漢中府 劉一人

# 李佩

子玉 號崑岡 陝西南鄭人 壬申十一月初三日
生 癸卯鄉試 會易二房 三甲 觀兵部政 四川內
江知縣 起復 補陽曲

祖成
父志和
嫡母尚氏
生母張氏
慈侍下

娶湯氏 子學易 生員 學詩

平涼府 劉一人

# 周鑑

子明 號霽川 陝西儀衛司籍 江西萍鄉人 庚寅
十月廿一日生 壬子鄉試 會詩一房 二甲 觀兵
部政 起復 授刑主事

祖亮
父尚仁
前母趙氏
母李氏
具慶下

兄欽 銳 鐸 娶白氏 子之禎 之棟

慶陽府
屬一人

**杜實**

伯潤 號守菴 陝西慶陽衛人 乙酉三月廿、日
生 乙酉鄉試 會試詩四房三甲 觀戶部政 山東齊
東知縣 陞兵主事 刑員外

祖剛
父欽
前母馬氏 韓
氏 母吳氏
慈侍下 娶楊氏 子懋 著

**周斯盛**

子才 號際巖 陝西寧州人 乙酉十一月十二日
生 癸卯鄉試 會試書四房三甲 觀戶部政 行人 選
道

祖達 戶部員外郎
父習吉 七品散官
母劉氏
具慶下 弟斯美 舉人 斯隆 生員 斯明 斯來 斯琪 斯森 斯
獻 斯善 斯孝 娶呂氏 子教 子敢

河南省二十人

延安府

鄜州人　王大任

汝成號及泉陝西保安人丁亥正月初三日生

壬子鄉試會詩二房三甲觀禮部政山西洪洞

祖至公　知縣選道

父縣

前母鄭氏　繼

母溫氏　生母　兄康生員　泰　綏生員　娶謝氏　子宗　守

薛氏　慈侍下

開封府

禹州人　李應元

文徵號古河河南祥符人乙酉九月初一日生

丙午鄉試會詩三房三甲觀通政司政山西長

祖銘　治知縣陞户主事

父宥

母王氏　兄應魁知縣　娶王氏　繼娶吳氏　子似

慈侍下　南攸棻

祖琇 贈丞
父欽 贈州吏目
嫡母劉氏 王
氏 生母孔氏
具慶下

# 董世彥

子才號右坡河南鈞州人丁亥四月初一日生
丙午鄉試會書一房三甲觀都察院政直隸濬
縣知縣陞戶主事
娶陳氏
子九皐九德

祖成
父鑑 封主事
前母劉氏 贈太安人
母朱氏 封太
具慶下

# 盧嘉慶

吉甫號文峰河南祥符人己丑四月十三日生
壬子鄉試會詩五房三甲觀吏部政工主事負
外
弟嘉祥嘉猷嘉宣 娶謝氏人 繼娶楊氏 封人
子

歸德府
劉二人

## 鄭東

汴充號泉石河南商丘人甲戌二月十八日生
己酉鄉試會春秋二房三甲觀刑部政順天府
良鄉知縣謫臨邑卒

祖珏 御史
父鏻 義官
母路氏

兄南 生員 弟西　娶朱氏　子謐 諧

## 黃鈞

永感下

叔東號石泉河南歸德衛籍鎮平人乙亥四月
初五日生庚子鄉試會詩四房二甲觀都察院
政工主事陞員外卒

祖碓
父璜
母文氏
繼母史氏

弟鎬　娶胡氏　子如默如愚如塵

具慶下

彰德府
屬三人

宋儒

祖增
父鳳
母馮氏
重慶下

子淳號清溪河南安陽人乙亥九月初四日生
癸卯鄉試會試四房三甲觀大理政直隸南宮
知縣陞工主事卒
兄傑 弟仕 生 貞 偉 代 娶周氏 子文
燦文 煥

鈔介

祖貴
父斉 知縣封主事
母鄭氏 封太安人
具慶下

右賓號漳野河南彰德衛人丁丑九月廿九日
生壬子鄉試會試二房三甲觀吏部政户主事
弟累 儀 賓 稷 娶秦氏封安人 子南 邦濟
時

劉溱

子杠號巽菴河南安陽人辛巳五月初二日生

癸卯鄉試會書三房三甲觀吏部政以國戚授

六安知州

祖儉

父銶儀賓

嫡母陽翟縣主

生母侯氏

弟湇生員娶張氏　子國楨

慈侍下

懷慶府

屬一人

朱裳

則坤號平臯河南温縣人辛巳四月初九日生

己酉鄉試會易二房三甲觀吏部政工主事陞

員外郎中

祖琦

父宗仁封主事

母鄭氏封太安人

兄秋生員　弟裒　娶趙氏封安人　子夢麟

具慶下

河南府

屬六人

溫如春

和甫　號嵩崖　河南中護衛籍山東益都人乙亥
九月十一日生丙午鄉試會易四房三甲觀戶
部政直隸清豐知縣陞評事寺副湖廣僉事

祖勝　指揮同知

父秀　襄陽府同知　贈奉訓大夫

母劉氏　封太宜人

慈侍下

兄如玉　指揮同知　弟如璋　丙辰進士　見任御史　娶王氏　封孺　子

洛　澤

戴冕

子端　號龍洲　河南洛陽人丙午六月初一日生
壬午鄉試會易一房三甲觀吏部政山東昌樂
知縣陞南戶主事

祖鑑

父鸞

母蔡氏

繼母楊氏

嚴侍下

弟晏　昱　娶吳氏　繼娶溫氏　子

## 方時學

祖瑄 義官
父鏞
母張氏
具慶下

敏之 號古田 河南河南衛人 己卯九月初三日生 壬午鄉試 會易三房三甲 觀工部政 以國戚
授直隸安慶府推官 陞潞安府同知
弟時升 娶張氏 子

## 史官

祖林
父文貴
母李氏
重慶下

懋德 號一泉 河南河南衛人 壬午四月廿四日生 己酉鄉試 會易三房三甲 觀戶部政 山東館
陶知縣 選道
娶白氏 子善言 嘉言

与
以文號仁泉　酉十一月初二
生壬子鄉試　觀吏部政在旅
祖質　間府推官選禮科間
父堂
母楊氏
甲戌　弟鸞　鳳　娶溫氏　子
重慶
皇　封
化號李村河南洛陽人丁亥十二月廿九日
生丙午鄉試會易四房丑甲觀大理政直隸廬
祖志道　州府推官選道
父智
母陳氏
兄堯輔　生員　娶張氏　繼娶劉氏
具慶下　子獻策　對策

南陽府
屬一人
祖睺甲子舉人知縣
父宗本庚子舉人
母王氏

**李蓘**

子田號少莊河南內鄉人辛卯二月廿二日生
壬午鄉試會春秋二房三甲翰林庶吉士起復
授檢討

弟蔭生貢蓰 蕢 娶胡氏 子

具慶下
汝寧府
屬四人
祖聰
父民

**吳過**

檢之號容堂河南汝陽人甲戌十二月十九日
生庚子鄉試會詩五房二甲觀吏部政行人選
道

雲南省三人

李氏

兄翊通判詡 明

慈侍下

雲南府

屬二人

郭斗

應宿號麓沚 云南右衛

月初三日生丙午鄉試會試五

政湖廣孝感知縣選南戶科

祖豫 副千戶

父彬 正千戶

母汪氏

弟科 正千戶 魁 生 自 娶汪氏 子

慈侍下

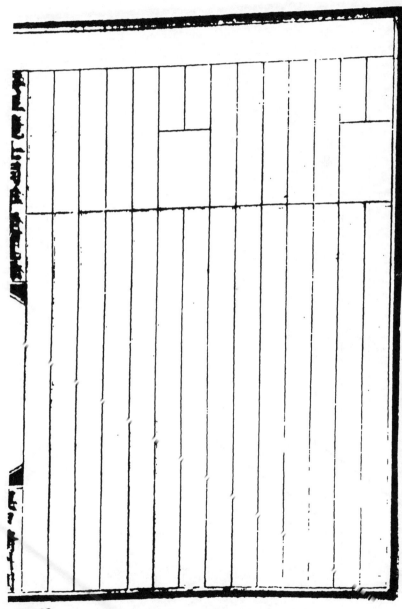

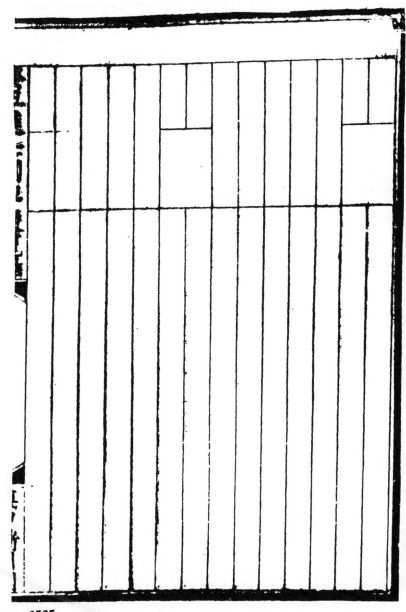